Reglamento General de Recaudación aprobado por Real Decreto 939/2005, de 29 de julio

Con referencias a la Ley 58/2003, de 17 de diciembre General Tributaria

Actualizado a 2016

DIEGO LEITRADO

ISBN-10: 1530221617
ISBN-13: 978-1530221615

DEDICATORIA

Dedicado a todas las personas que realizan el esfuerzo de estudiar una oposición.

Utilidad y propósito del libro

Creado como herramienta para el estudio de la Ley General Tributaria y el Reglamento General de Recaudación. También para todo el que necesite una referencia cruzada completa entre la Ley y dicho reglamento.

Las anotaciones encerradas entre los símbolos ◀ ▶ nos referencian los artículos y párrafos de la Ley General Tributaria correspondientes.

De esta forma tenemos la correspondencia entre el Reglamento y la Ley.

Contiene el Reglamento General de Recaudación aprobado por Real Decreto 939/2005, de 29 de julio actualizado. Formateado para ocupar el mínimo espacio pero con una letra lo suficientemente grande para que se pueda leer sin problemas por cualquier persona. El tamaño de encuadernación es lo suficientemente pequeño para llevarlo encima pero lo suficientemente grande como para leerlo con comodidad.

Abreviaturas utilizadas:

LGT Ley 58/2003, de 17 de diciembre General Tributaria.

RGAT Reglamento General de las actuaciones y los procedimientos de gestión e inspección tributaria y de desarrollo de las normas comunes de los procedimientos de aplicación de los tributos aprobado por Real Decreto 1065/2007, de 27 de julio.

Ejemplos de anotaciones:

"   TITULO II.

                          La deuda

                                              ◀ *LGT 58-82* ▶ "

En la Ley General Tributaria la deuda se trata del artículo 58 al 82.

"Artículo 32. Formas de extinción de la deuda.

Las deudas podrán extinguirse por pago, prescripción, compensación, deducción sobre transferencias, condonación, por los medios previstos en la normativa aduanera y por los demás medios previstos en las leyes.

                                              ◀ *LGT 59.1* ▶ "

Se hace referencia al artículo 59.1 de la Ley General Tributaria.

"Artículo 124. Declaración de responsabilidad.

                              ◀ *LGT 174-176, RGAT 196* ▶ "

Declaración de responsabilidad en Ley General Tributaria , del artículo 174 al 176. Y Declaración de responsabilidad en el procedimiento inspector en el artículo 196 del RGAT.

Índice Articular

Sección 3.ª Entidades que presten el servicio de caja y entidades colaboradoras en la gestión recaudatoria

- Artículo 9. Entidades que presten el servicio de caja y entidades colaboradoras en la gestión recaudatoria.

Sección 4.ª Obtención de información, facultades y adopción de medidas cautelares en la gestión recaudatoria

- Artículo 10. Facultades de los órganos de recaudación.

CAPÍTULO II. Ingresos de la gestión recaudatoria

- Artículo 11. Ingresos de la gestión recaudatoria.

Sección 1.ª Ingresos de la gestión recaudatoria en periodo voluntario y periodo ejecutivo

- Artículo 12. Lugar de realización de los ingresos.

Subsección 1.ª Ingresos en la Tesorería de la Dirección General del Tesoro y Política Financiera

- Artículo 13. Ingresos en la Tesorería de la Dirección General del Tesoro y Política Financiera.

Subsección 2.ª Ingresos a través de entidades de crédito que presten el servicio de caja

- Artículo 14. Entidades de crédito que presten el servicio de caja.
- Artículo 15. Ingresos a través de entidades de crédito que presten el servicio de caja.
- Artículo 16. Procedimiento de ingreso a través de entidades de crédito que presten el servicio de caja.

Subsección 3.ª Ingresos a través de entidades colaboradoras en la recaudación

- Artículo 17. Entidades colaboradoras en la recaudación.
- Artículo 18. Ingresos a través de entidades colaboradoras en la recaudación.

CAPÍTULO I. Extinción de la deuda

- Artículo 32. Formas de extinción de la deuda.

Sección 1.ª Pago

Subsección 1.ª Normas generales

- Artículo 33. Legitimación, lugar de pago y forma de pago.
- Artículo 34. Medios y momento del pago en efectivo.
- Artículo 35. Pago mediante cheque.
- Artículo 36. Pago mediante tarjeta de crédito y débito.
- Artículo 37. Pago mediante transferencia bancaria.
- Artículo 38. Pago mediante domiciliación bancaria.
- Artículo 39. Pago mediante efectos timbrados.
- Artículo 40. Pago en especie.
- Artículo 41. Justificantes y certificaciones del pago.
- Artículo 42. Actuaciones a realizar en el supuesto de tributos incompatibles.
- Artículo 43. Consignación.

Subsección 2.ª Aplazamiento y fraccionamiento

- Artículo 44. Aplazamiento y fraccionamiento del pago.
- Artículo 45. Competencia en materia de aplazamientos y fraccionamientos.
- Artículo 46. Solicitudes de aplazamiento y fraccionamiento.
- Artículo 47. Inadmisión de solicitudes de aplazamiento y fraccionamiento.
- Artículo 48. Garantías en aplazamientos y fraccionamientos.
- Artículo 49. Adopción de medidas cautelares en el ámbito de los aplazamientos y fraccionamientos.
- Artículo 50. Dispensa de garantías en aplazamientos y fraccionamientos.
- Artículo 51. Tramitación de solicitudes de aplazamientos y fraccionamientos.
- Artículo 52. Resolución de solicitudes de aplazamientos y fraccionamientos.
- Artículo 53. Cálculo de intereses en aplazamientos y fraccionamientos.

- Artículo 54. Actuaciones en caso de falta de pago en aplazamientos y fraccionamientos.

Sección 2.ª Otras formas de extinción

- Artículo 55. Deudas compensables.
- Artículo 56. Compensación a instancia del obligado al pago.
- Artículo 57. Compensación de oficio de deudas de entidades públicas.
- Artículo 58. Compensación de oficio de deudas de otros acreedores a la Hacienda pública.
- Artículo 59. Efectos de la compensación.
- Artículo 60. Extinción de deudas de las entidades de derecho público mediante deducciones sobre transferencias.

Sección 3.ª Baja provisional por insolvencia

- Artículo 61. Concepto de deudor fallido y de crédito incobrable.
- Artículo 62. Efectos de la baja provisional por insolvencia.
- Artículo 63. Revisión de fallidos y rehabilitación de créditos incobrables.

CAPÍTULO II. Garantías de la deuda

- Artículo 64. Derecho de prelación.
- Artículo 65. Hipoteca legal tácita.
- Artículo 66. Otras hipotecas y derechos reales en garantía de los créditos de la Hacienda pública.
- Artículo 67. Afección y retención de bienes.

TÍTULO III. Recaudación en periodo voluntario y en periodo ejecutivo

CAPÍTULO I. Disposiciones generales

- Artículo 68. Iniciación y terminación de la recaudación en periodo voluntario.
- Artículo 69. Recaudación en periodo ejecutivo.

CAPÍTULO II. Procedimiento de apremio

Sección 1.ª Inicio del procedimiento de apremio

- Artículo 70. Providencia de apremio.
- Artículo 71. Notificación de la providencia de apremio.

Sección 2.ª Desarrollo del procedimiento de apremio

Subsección 1.ª Disposiciones generales

- Artículo 72. Interés de demora del periodo ejecutivo.
- Artículo 72 bis. Cálculo de los intereses de demora en el ámbito de la asistencia mutua.
- Artículo 73. Suspensión del procedimiento de apremio.

Subsección 2.ª Ejecución de garantías

- Artículo 74. Ejecución de garantías.

Subsección 3.ª Normas sobre embargos

- Artículo 75. Diligencias de embargo.
- Artículo 76. Práctica de los embargos.
- Artículo 77. Concurrencia de embargos.
- Artículo 78. Embargo de dinero en efectivo.
- Artículo 79. Embargo de dinero en cuentas abiertas en entidades de crédito.
- Artículo 80. Embargo de valores.
- Artículo 81. Embargo de otros créditos, efectos y derechos realizables en el acto o a corto plazo.
- Artículo 82. Embargo de sueldos, salarios y pensiones.
- Artículo 83. Embargos de bienes inmuebles y de derechos sobre estos.
- Artículo 84. Anotación preventiva en el Registro de la Propiedad de los embargos de bienes inmuebles y de derechos sobre estos.
- Artículo 85. Requisitos de los mandamientos para la anotación preventiva de los embargos de bienes inmuebles y de derechos sobre estos.
- Artículo 86. Presentación de los mandamientos en el Registro de la Propiedad.
- Artículo 87. Incidencias en las anotaciones preventivas de embargo en el Registro de la Propiedad.

Subsección 7.ª Actuaciones posteriores a la enajenación

- Artículo 111. Escritura pública de venta y cancelación de cargas.
- Artículo 112. Levantamiento de embargo.

Subsección 8.ª Costas del procedimiento de apremio

- Artículo 113. Costas del procedimiento de apremio.
- Artículo 114. Honorarios y gastos de depósito y administración.
- Artículo 115. Liquidación de las costas.

Sección 3.ª Terminación del procedimiento de apremio

- Artículo 116. Terminación del procedimiento de apremio.

Sección 4.ª Tercerías

- Artículo 117. Carácter de la tercería.
- Artículo 118. Competencias en materia de tercerías.
- Artículo 119. Forma, plazos y efectos de la interposición de la tercería.
- Artículo 120. Tramitación y resolución de la tercería.
- Artículo 121. Efectos de la estimación de la reclamación de tercería.
- Artículo 122. Tercerías a favor de la Hacienda pública.

Sección 5.ª Actuaciones de la Hacienda pública en procedimientos concursales y en otros procedimientos de ejecución

- Artículo 123. Actuaciones de la Hacienda pública en procedimientos concursales y en otros procedimientos de ejecución.

TÍTULO IV. Procedimiento frente a responsables y sucesores

CAPÍTULO I. Responsables

- Artículo 124. Declaración de responsabilidad.
- Artículo 125. Certificación por adquisición de explotaciones o actividades económicas.
- Artículo 126. Certificado expedido a instancia de los contratistas o subcontratistas de obras y servicios.

CAPÍTULO II. Sucesores

- Artículo 127. Procedimiento de recaudación frente a los sucesores.

TÍTULO V. Disposiciones especiales

- Artículo 128. Exacción de la responsabilidad civil por delito contra la Hacienda pública.

[Disposiciones adicionales]

- Disposición adicional primera. Órganos equivalentes de las comunidades autónomas, ciudades con Estatuto de Autonomía de Ceuta y Melilla o de las entidades locales.
- Disposición adicional segunda. Criterios de coordinación de la Agencia Estatal de Administración Tributaria con la Tesorería General de la Seguridad Social en procesos concursales.
- Disposición adicional tercera. Asistencia mutua en materia de recaudación.
- Disposición adicional cuarta. Norma de organización específica.

[Disposiciones transitorias]

- Disposición transitoria primera. Derechos de traspaso.
- Disposición transitoria segunda. Obtención de información, facultades y adopción de medidas cautelares en la gestión recaudatoria.
- Disposición transitoria tercera. Régimen transitorio del Reglamento General de Recaudación.

[Disposiciones finales]

- Disposición final única. Habilitación normativa.

TÍTULO I

Disposiciones generales

CAPÍTULO I

La gestión recaudatoria

Sección 1.ª Disposiciones generales

Artículo 1. Ámbito de aplicación.

1. Este reglamento regula la gestión recaudatoria de los recursos de naturaleza pública en desarrollo de la Ley 58/2003, de 17 de diciembre, General Tributaria, de la Ley 47/2003, de 26 de noviembre, General Presupuestaria, y de las demás leyes que establezcan aquellos.

2. Este reglamento será de aplicación en los términos previstos en el artículo 1 de la Ley 58/2003, de 17 de diciembre, General Tributaria.

Artículo 2. Concepto de gestión recaudatoria.

La gestión recaudatoria de la Hacienda pública consiste en el ejercicio de la función administrativa conducente al cobro de las deudas y sanciones tributarias y demás recursos de naturaleza pública que deban satisfacer los obligados al pago.

A efectos de este reglamento, todos los créditos de naturaleza pública a que se refiere este artículo se denominarán deudas. Se considerarán obligados al pago aquellas personas o entidades a las que la Hacienda pública exige el ingreso de la totalidad o parte de una deuda.

La gestión recaudatoria podrá realizarse en periodo voluntario o en periodo ejecutivo. El cobro en periodo ejecutivo de los recursos a los que se refiere el párrafo anterior se efectuará por el procedimiento de apremio regulado en la Ley 58/2003, de 17 de diciembre, General Tributaria, y en este reglamento.

La gestión recaudatoria también podrá consistir en el desarrollo de actuaciones recaudatorias y de colaboración en este ámbito conforme a la normativa de asistencia mutua a la que se refiere el artículo 1.2 de la Ley 58/2003, de 17 de diciembre, General Tributaria.

◀ *LGT 160 La recaudación tributaria* ▶

Sección 2.ª Recaudación de recursos de naturaleza pública por las distintas Administraciones

Subsección 1.ª Recaudación por la Hacienda pública estatal y por las entidades de derecho público estatales

Artículo 3. Recaudación de la Hacienda pública estatal y de las entidades de derecho público estatales.

1. La gestión recaudatoria del Estado y de sus organismos autónomos se llevará a cabo:

a) Cuando se trate de los recursos del sistema tributario estatal y aduanero, tanto en periodo voluntario como ejecutivo, por la Agencia Estatal de Administración Tributaria.

No obstante, tratándose de tasas, la recaudación en periodo voluntario se llevará a cabo por el órgano de la Administración General del Estado u organismo autónomo que tenga atribuida su gestión.

b) Cuando se trate de los demás recursos de naturaleza pública:

1.º En periodo voluntario, por las Delegaciones de Economía y Hacienda, salvo que la gestión de dichos recursos esté atribuida a otros órganos de la Administración General del Estado o a sus organismos autónomos.

2.º En periodo ejecutivo, por la Agencia Estatal de Administración Tributaria previa remisión, en su caso, de las correspondientes relaciones certificadas de deudas impagadas en periodo voluntario.

2. Los recursos de naturaleza pública cuya gestión esté atribuida a una entidad de derecho público distinta de las señaladas en el apartado anterior serán recaudadas en periodo voluntario por los servicios de dicha entidad.

La recaudación en periodo ejecutivo corresponderá a la Agencia Estatal de Administración Tributaria cuando así lo establezca una ley o cuando así se hubiese establecido en el correspondiente convenio.

3. Las cantidades recaudadas por cuenta de las entidades citadas en el apartado anterior por parte de la Agencia Estatal de Administración Tributaria, cuando la recaudación se efectúe en virtud de una ley, serán transferidas a las cuentas oficiales de dichas entidades, a excepción de los recargos del periodo ejecutivo y de las costas. En caso de convenio se transferirán las cantidades recaudadas minoradas en los términos establecidos en dicho convenio.

Artículo 4. Especialidades de la recaudación de los organismos autónomos del Estado.

1. La gestión recaudatoria en periodo ejecutivo de los créditos de los organismos autónomos del Estado se rige por lo dispuesto en este reglamento, con las siguientes particularidades:

a) Las relaciones certificadas de deudas impagadas en periodo voluntario serán expedidas por los órganos competentes de los organismos autónomos. Cuando las deudas de un mismo deudor sean inferiores a la cantidad que se fije por resolución del Director del Departamento de Recaudación de la Agencia Estatal de Administración Tributaria como coste mínimo de recaudación estimado, dichas deudas sólo se incluirán en las relaciones mencionadas cuando el importe acumulado, incluidas todas las que estuviesen en gestión de cobro, supere dicho coste mínimo estimado.

b) La providencia de apremio será dictada por los órganos de recaudación de la Agencia Estatal de Administración Tributaria.

c) Las cantidades recaudadas, a excepción de los recargos del periodo ejecutivo y las costas, serán transferidas a las cuentas oficiales del organismo autónomo por la Agencia Estatal de Administración Tributaria.

2. Los intereses de demora se liquidarán de acuerdo con lo dispuesto en el artículo 72. En los supuestos previstos en el apartado 4 de dicho artículo, la liquidación corresponderá a los organismos autónomos en el caso del párrafo a) y a los órganos de recaudación de la Agencia Estatal de Administración Tributaria en los supuestos de los párrafos b), c) y d).

3. La declaración de fallido de los obligados al pago se efectuará por los órganos de recaudación de la Agencia Estatal de Administración Tributaria. La declaración de crédito incobrable se efectuará por los órganos de recaudación del organismo autónomo correspondiente de conformidad con su normativa específica, previa comunicación por la Agencia Estatal de Administración Tributaria de la insolvencia del deudor.

En caso de rehabilitación del crédito por parte del organismo autónomo, este lo podrá incluir en la relación certificada de deudas rehabilitadas que remita a la Agencia Estatal de Administración Tributaria para su cobro.

4. Corresponde al organismo autónomo la declaración de responsabilidad, en los supuestos previstos en la ley, cuando se refieran a deudas de su titularidad.

5. Será aplicable lo dispuesto en este reglamento sobre adjudicación de bienes a la Hacienda pública, con las siguientes

particularidades:

a) La propuesta y resolución sobre la adjudicación de bienes de que se trate corresponderá a los órganos competentes del organismo autónomo.

b) Los bienes cuya adjudicación se haya acordado, así como los documentos precisos para su inscripción en los registros públicos, se entregarán o, en su caso, se pondrán a disposición del organismo autónomo.

Artículo 5. Recaudación de recursos de otras Administraciones públicas nacionales, extranjeras o entidades internacionales o supranacionales.

1. La Agencia Estatal de Administración Tributaria se encargará de la recaudación de los recursos de naturaleza pública de otras Administraciones públicas nacionales distintas de las previstas en los artículos 7 y 8 cuando dicha gestión se le encomiende en virtud de ley o convenio.

Las cantidades recaudadas por parte de la Agencia Estatal de Administración Tributaria cuando la recaudación se efectúe en virtud de una ley serán transferidas a las cuentas oficiales de dichas Administraciones, a excepción de los recargos del periodo ejecutivo y de las costas. En caso de convenio se transferirán las cantidades recaudadas minoradas en los términos establecidos en dicho convenio.

2. La gestión recaudatoria de los recursos propios de la Unión Europea y otras entidades internacionales o supranacionales que deba realizarse por el Estado español se llevará a cabo:

a) En periodo voluntario, por los órganos de la Administración General del Estado, organismos autónomos o entidades de derecho público estatales que la tengan atribuida y, en su defecto, por la Agencia Estatal de Administración Tributaria.

b) En periodo ejecutivo, por la Agencia Estatal de Administración Tributaria.

3. De conformidad con el artículo 5.3 de la Ley 58/2003, de 17 de diciembre, General Tributaria, la gestión recaudatoria a la que se refiere el último párrafo del artículo 2 que deba realizarse por el Estado español a favor de otros Estados o de otras entidades internacionales o supranacionales, en el marco de la asistencia mutua, se llevará a cabo por la Agencia Estatal de Administración Tributaria.

Asimismo, corresponderá a la Agencia Estatal de Administración Tributaria la realización de las peticiones de asistencia mutua a otros Estados, o a otras entidades internacionales o supranacionales.

4. La Agencia Estatal de Administración Tributaria realizará las actuaciones de colaboración en la recaudación que establezcan las leyes.

Artículo 6. Órganos de recaudación del Estado.

Son órganos de recaudación del Estado:

a) Las unidades administrativas de la Agencia Estatal de Administración Tributaria, centrales o periféricas, a las que las normas de organización específica atribuyan competencias en materia de recaudación.

b) Las unidades administrativas de los órganos de la Administración General del Estado, organismos autónomos estatales y entidades de derecho público estatales que tengan atribuida la gestión recaudatoria de los correspondientes recursos de derecho público.

c) La Dirección General del Tesoro y Política Financiera y las unidades administrativas de las Delegaciones de Economía y Hacienda en los demás casos no comprendidos en los párrafos anteriores.

Subsección 2.ª Recaudación de la Hacienda pública de las comunidades autónomas y de sus organismos autónomos

Artículo 7. Recaudación de la Hacienda pública de las comunidades autónomas y de sus organismos autónomos.

Corresponde a las comunidades autónomas la recaudación de las deudas cuya gestión tengan atribuida, y se llevará a cabo:

a) Directamente por las comunidades autónomas y sus organismos autónomos, de acuerdo con lo establecido en sus normas de atribución de competencias.

b) Por otras entidades de derecho público con las que se haya formalizado el correspondiente convenio o en las que se haya delegado esta facultad.

c) Por la Agencia Estatal de Administración Tributaria, cuando así se acuerde mediante la suscripción de un convenio para la recaudación.

Subsección 3.ª Recaudación de la Hacienda pública de las entidades locales y de sus organismos autónomos

Artículo 8. Recaudación de la Hacienda pública de las entidades locales y de sus organismos autónomos.

Corresponde a las entidades locales y a sus organismos autónomos la recaudación de las deudas cuya gestión tengan atribuida y se llevará a cabo:

a) Directamente por las entidades locales y sus organismos autónomos, de acuerdo con lo establecido en sus normas de atribución de competencias.

b) Por otros entes territoriales a cuyo ámbito pertenezcan cuando así se haya establecido legalmente, cuando con ellos se haya formalizado el correspondiente convenio o cuando se haya delegado esta facultad en ellos, con la distribución de competencias que en su caso se haya establecido entre la entidad local titular del crédito y el ente territorial que desarrolle la gestión recaudatoria.

c) Por la Agencia Estatal de Administración Tributaria, cuando así se acuerde mediante la suscripción de un convenio para la recaudación.

Sección 3.ª Entidades que presten el servicio de caja y entidades colaboradoras en la gestión recaudatoria

Artículo 9. Entidades que presten el servicio de caja y entidades colaboradoras en la gestión recaudatoria.

1. Podrán prestar el servicio de caja las entidades de crédito con las que cada Administración así lo convenga.

Podrán actuar como entidades colaboradoras en la recaudación las entidades de crédito autorizadas por cada Administración, con los requisitos y con el contenido a que se refiere el artículo 17.

A efectos de este reglamento, sólo podrán actuar como entidades que presten el servicio de caja o como entidades colaboradoras las siguientes entidades de crédito:

a) Los bancos.

b) Las cajas de ahorro.

c) Las cooperativas de crédito.

2. En ningún caso la autorización que se conceda o el convenio que se formalice atribuirá el carácter de órganos de recaudación a las entidades de crédito que presten el servicio de caja o que sean colaboradoras en la recaudación.

3. La Dirección General del Tesoro y Política Financiera podrá convenir la prestación del servicio de caja o autorizar a las entidades de crédito a actuar como entidades colaboradoras en la gestión de aquellos ingresos de la Administración General del Estado no encomendados a la Agencia Estatal de Administración Tributaria en los términos previstos en este reglamento.

Sección 4.ª Obtención de información, facultades y adopción de medidas cautelares en la gestión recaudatoria

Artículo 10. Facultades de los órganos de recaudación.

1. Los funcionarios que desempeñen funciones de recaudación serán considerados agentes de la autoridad y tendrán las facultades previstas en el artículo 142 de la Ley 58/2003, de 17 de diciembre, General Tributaria.

Asimismo, podrán adoptar las medidas cautelares recogidas en el artículo 146 de la Ley 58/2003, de 17 de diciembre, General Tributaria, previstas para el procedimiento de inspección.

2. Las funcionarios que desempeñen funciones de recaudación podrán realizar actuaciones de obtención de información previstas en los artículos 93 y 94 de la Ley 58/2003, de 17 de diciembre, General Tributaria.

CAPÍTULO II

Ingresos de la gestión recaudatoria

Artículo 11. Ingresos de la gestión recaudatoria.

1. Los ingresos de la gestión recaudatoria, tanto en periodo voluntario como en periodo ejecutivo, se efectuarán conforme a lo dispuesto en este capítulo.

2. Si el vencimiento de cualquier plazo coincide con un sábado o un día inhábil, quedará trasladado al primer día hábil siguiente.

Sección 1.ª Ingresos de la gestión recaudatoria en periodo voluntario y periodo ejecutivo

Artículo 12. Lugar de realización de los ingresos.

Los ingresos podrán realizarse:

a) En la Tesorería de la Dirección General del Tesoro y Política Financiera.

b) En las entidades de crédito que presten el servicio de caja a las que se refiere el artículo 9.1.

c) En las entidades colaboradoras a las que se refiere el artículo 9.1.

d) En las aduanas.

e) En las cuentas restringidas abiertas en entidades de crédito.

f) En las cajas de los órganos gestores.

g) En cualquier otro lugar de pago que se establezca por el Ministro de Economía y Hacienda.

Subsección 1.ª Ingresos en la Tesorería de la Dirección General del Tesoro y Política Financiera

Artículo 13. Ingresos en la Tesorería de la Dirección General del Tesoro y Política Financiera.

1. La Tesorería de la Dirección General del Tesoro y Política Financiera recaudará las cantidades que se liquiden o retengan en dicho órgano y aquellas respecto de las cuales así lo establezca el Ministro de Economía y Hacienda.

2. Dichas cantidades podrán ingresarse, según se establezca por el Ministro de Economía y Hacienda:

a) En la Caja de la Dirección General del Tesoro y Política Financiera.

b) En el Banco de España o en el organismo público que se determine.

c) En entidades de crédito.

3. Los ingresos se realizarán de lunes a viernes, excepto en los días no laborables.

Subsección 2.ª Ingresos a través de entidades de crédito que presten el servicio de caja

Artículo 14. Entidades de crédito que presten el servicio de caja.

1. Las entidades de crédito con las que así se convenga podrán prestar el servicio de caja a los órganos de recaudación competentes.

2. Sin perjuicio de lo establecido en el apartado anterior, dichas entidades podrán actuar también como colaboradoras en la recaudación.

Artículo 15. Ingresos a través de entidades de crédito que presten el servicio de caja.

Los ingresos se realizarán con carácter obligatorio en las entidades de crédito que presten el servicio de caja únicamente en aquellos casos en que así se establezca por el Ministro de Economía y Hacienda.

Artículo 16. Procedimiento de ingreso a través de entidades de crédito que presten el servicio de caja.

1. Los ingresos se realizarán en cuentas restringidas abiertas en las citadas entidades, cuya denominación y funcionamiento serán establecidos mediante orden del Ministro de Economía y Hacienda.

2. Los ingresos en estas cuentas se efectuarán en dinero de curso legal y por cualquier otro medio de pago que se establezca por orden del Ministro de Economía y Hacienda.

3. Diariamente, la entidad entregará al órgano de recaudación competente relación justificativa de las cantidades ingresadas en la cuenta restringida y los documentos acreditativos de las deudas a las que corresponden.

Subsección 3.ª Ingresos a través de entidades colaboradoras en la recaudación

Artículo 17. Entidades colaboradoras en la recaudación.

1. Podrán colaborar en la recaudación las entidades de crédito autorizadas. La prestación del servicio de colaboración no será retribuida.

2. Las entidades que deseen actuar como colaboradoras en la gestión recaudatoria desarrollada por la Agencia Estatal de Administración Tributaria solicitarán autorización del Director del Departamento de Recaudación de esta y deberán adjuntar declaración expresa de estar en disposición de prestar el servicio de colaboración en las condiciones establecidas en cada caso por la normativa vigente.

Para valorar adecuadamente la conveniencia de conceder la autorización solicitada, se tendrá en cuenta, entre otros factores, la solvencia de la entidad y su posible contribución al servicio de colaboración en la recaudación. A tal fin, se podrán recabar los informes que se consideren oportunos.

La resolución deberá notificarse a la entidad solicitante en el plazo de tres meses. Asimismo, si el acuerdo es de concesión, deberá publicarse en el «Boletín Oficial del Estado».

La autorización podrá determinar la forma y condiciones de prestación del servicio. Si se deniega la autorización, el acuerdo será motivado. Transcurrido dicho plazo sin que haya recaído resolución expresa, se podrá entender estimada la solicitud.

3. Antes de iniciar el servicio de colaboración, las entidades solicitantes deberán comunicar al órgano de recaudación competente los siguientes extremos:

a) Relación de todas sus oficinas, su domicilio y su clave bancaria.

b) Fecha o fechas de comienzo de la prestación, que en ningún caso podrán exceder de dos meses, contados a partir del día siguiente al de la notificación de la autorización.

Además, la entidad colaboradora deberá poner en conocimiento del órgano de recaudación competente toda variación relevante referente a altas y bajas en la operatividad de sus oficinas y los cambios de denominación a que aquella se vea sometida.

4. La entidad que posea varias oficinas dentro del ámbito territorial que se determine por cada Administración tributaria deberá designar una de ellas para relacionarse con dicha Administración.

5. Los órganos de recaudación efectuarán el control y seguimiento de la actuación de las entidades colaboradoras.

A tal efecto, podrán ordenar la práctica de comprobaciones en dichas entidades.

Las comprobaciones se referirán exclusivamente a su actuación como entidades colaboradoras, pudiéndose efectuar en las oficinas de la entidad o en los locales del órgano actuante.

Las actuaciones podrán referirse al examen de la documentación relativa a operaciones concretas o extenderse a la actuación de colaboración de dichas entidades o de sus oficinas durante un periodo determinado de tiempo.

Para la práctica de las comprobaciones, las entidades deberán poner a disposición de los funcionarios designados al efecto toda la documentación que se les solicite en relación con la actuación de la entidad en su condición de colaboradora y, en particular, extractos de cuentas corrientes restringidas, documentos de ingreso y justificantes de ingreso en las cuentas del Tesoro. Asimismo, deberán permitir el acceso a los registros informáticos de la entidad respecto de las operaciones realizadas en su condición de colaboradora.

6. Si dichas entidades incumplen las obligaciones establecidas en este reglamento y demás normas aplicables, las obligaciones de colaboración con la Hacienda pública o las normas tributarias en general, se podrá suspender temporalmente o revocar definitivamente la autorización otorgada a las entidades de crédito para actuar como colaboradoras en la recaudación, restringir temporal o definitivamente el ámbito territorial de su actuación o excluir de la prestación del servicio de colaboración a alguna de sus oficinas, sin perjuicio de la responsabilidad que en cada caso proceda.

Corresponderá acordar la suspensión o revocación al órgano que hubiera acordado la autorización.

En particular, el órgano de recaudación competente podrá hacer uso de las facultades a las que se refiere el párrafo anterior cuando concurra alguna de las siguientes circunstancias:

a) Presentación reiterada fuera de los plazos establecidos, de forma incompleta o con graves deficiencias, de la información que como entidad colaboradora debe aportar al órgano de recaudación competente.

b) Manipulación de los datos contenidos en la información que debe aportar al órgano de recaudación competente, en la que debe custodiar la entidad o en la que debe entregar a los obligados al pago.

c) Incumplimiento de las obligaciones de proporcionar o declarar cualquier tipo de datos, informes o antecedentes con trascendencia tributaria.

d) Incumplimiento de las órdenes de embargo, así como la colaboración o consentimiento en el levantamiento de bienes embargados o sobre los que se haya constituido una medida cautelar o una garantía.

e) Obstrucción a la actuación de la Administración tributaria.

f) No realizar diariamente el ingreso de las cantidades recaudadas en las cuentas restringidas del órgano de recaudación competente o no efectuar o efectuar con retraso el ingreso de las cantidades recaudadas en la cuenta del Tesoro, cuando se haya ocasionado un grave perjuicio a la Hacienda pública o a un particular.

g) Inutilidad de la autorización, manifestada por el nulo o escaso volumen de los ingresos realizados a través de la entidad.

Artículo 18. Ingresos a través de entidades colaboradoras en la recaudación.

1. Los obligados al pago, tengan o no cuentas abiertas en las entidades colaboradoras, podrán ingresar en ellas las siguientes deudas:

a) Las que resulten de autoliquidaciones presentadas en los modelos reglamentariamente establecidos, así como de aquellas cuya presentación se realice por vía telemática.

b) Las notificadas a los obligados al pago como consecuencia de liquidaciones practicadas por la Administración, tanto en periodo voluntario como ejecutivo.

c) Cualesquiera otras, salvo que el Ministro de Economía y Hacienda haya establecido que el ingreso ha de realizarse con carácter obligatorio en las entidades de crédito que presten el servicio de caja.

2. Las entidades colaboradoras no podrán admitir los ingresos que deban realizarse obligatoriamente en las entidades de crédito que presten el servicio de caja.

Artículo 19. Procedimiento de ingreso a través de entidades colaboradoras en la recaudación.

1. Los ingresos se realizarán en cuentas restringidas abiertas en

las entidades colaboradoras, cuya denominación y funcionamiento serán establecidos mediante orden del Ministro de Economía y Hacienda.

2. Las entidades colaboradoras admitirán, en todo caso, el dinero de curso legal como medio de pago. Asimismo, podrán aceptar cualquier otro medio de pago habitual en el tráfico bancario, si bien la admisión de estos medios queda a discreción y riesgo de la entidad.

Cualquiera que fuera el medio de pago utilizado, en ningún caso correrán por cuenta de la Administración los gastos que pudieran generarse por la utilización de medios diferentes al dinero de curso legal. Como consecuencia de dichos gastos no podrán minorarse en ningún caso los importes ingresados.

3. Las entidades colaboradoras admitirán dichos ingresos los días que sean laborables para éstas durante el horario de caja, abonándolos seguidamente en la correspondiente cuenta restringida.

Cada Administración tributaria podrá limitar la prestación del servicio a un número de horas inferior, dentro del horario de caja.

4. Cuando se trate de autoliquidaciones, el obligado al pago presentará a la entidad colaboradora los impresos en los que se contengan aquellas, teniendo adheridas las etiquetas de identificación o incorporando cualquier otro medio de identificación establecido por el Ministerio de Economía y Hacienda.

5. Si el ingreso es consecuencia de una liquidación practicada por la Administración y notificada al obligado al pago, aquel se realizará en la entidad colaboradora mediante la presentación del documento de ingreso según modelo establecido por el Ministerio de Economía y Hacienda.

6. La entidad colaboradora deberá exigir la consignación del número de identificación fiscal en el documento correspondiente y comprobará la exactitud del indicado número mediante el examen del documento acreditativo, que deberá ser exhibido por quien presente el documento liquidatorio. No será necesaria dicha exigencia en relación con aquellas autoliquidaciones y documentos de ingreso respecto de los cuales el Ministerio de Economía y Hacienda haya establecido que deben presentarse en las entidades colaboradoras con una etiqueta adherida u otro medio de identificación en los que consten los datos de los obligados al pago.

7. La entidad colaboradora que deba admitir un ingreso para el Tesoro comprobará previamente a su abono en cuenta los siguientes datos:

a) La coincidencia exacta de la cuantía a ingresar con la cifra que figure como importe del ingreso en la autoliquidación o documento de ingreso.

b) Que los citados documentos lleven adheridas las etiquetas de identificación u otro medio de identificación o, en su caso, que en ellos se consignen el nombre y apellidos o razón social o denominación completa, domicilio del obligado al pago, número de identificación fiscal, concepto y periodo a que corresponde el citado pago.

Si resultase conforme la comprobación señalada en los párrafos a) y b), la entidad colaboradora procederá a extender en el documento destinado a tal efecto de los que componen la autoliquidación o en el documento de ingreso validación, bien mecánica mediante máquina contable, bien manual mediante sello, de los siguientes conceptos: fecha del ingreso, total ingresado, concepto, clave de la entidad y de la oficina receptora, certificando de este modo el concepto del ingreso, así como que este se ha efectuado en la cuenta del Tesoro.

8. En los casos para los que se establezca que el obligado al pago puede presentar en sobre cerrado el documento de ingreso o devolución, la autoliquidación y la documentación complementaria, se actuará de acuerdo con las normas siguientes:

a) Presentará en la entidad colaboradora el documento de ingreso o devolución en el que constarán los datos esenciales de la autoliquidación y la cantidad a ingresar o devolver que de ella resulte.

b) La entidad comprobará si el documento de ingreso o devolución está correctamente cumplimentado.

En caso de ingreso, lo certificará con las formalidades y requisitos previstos en el apartado anterior.

En caso de solicitud de devolución por transferencia, validará los documentos, certificando la existencia de la cuenta bancaria y la titularidad del obligado al pago.

En ambos casos, la entidad colaboradora conservará en su poder el ejemplar a ella destinado y entregará al obligado al pago los que le correspondan.

c) El obligado unirá a su autoliquidación el ejemplar para la Administración del documento de ingreso o devolución y lo entregará en la propia entidad colaboradora para su remisión al órgano competente en sobre cerrado, en cuyo anverso constará su nombre y apellidos o razón social o denominación completa y el concepto.

d) A petición del obligado al pago, la entidad colaboradora deberá estampar en la primera hoja de los ejemplares para la Administración y para el interesado de la correspondiente autoliquidación o declaración sello en el que consten los siguientes datos: fecha en la que se produce la presentación de la autoliquidación y claves de la entidad y de la oficina receptora.

9. Cuando, presentado un documento de ingreso por un obligado al pago, el importe validado por la entidad colaboradora resulte correcto pero esta realice un ingreso superior al procedente, se tramitará su devolución a la entidad colaboradora en los términos legalmente establecidos sin que a tales ingresos les resulte de aplicación lo previsto en el artículo 221 de la Ley 58/2003, de 17 de diciembre, General Tributaria, y en su normativa de desarrollo.

Subsección 4.ª Ingresos en las aduanas

Artículo 20. Ingresos en las aduanas.

1. Se recaudarán por las aduanas las deudas respecto de las que así esté establecido.

2. Con carácter general, los ingresos se realizarán a través de las entidades de crédito autorizadas para actuar como colaboradoras en la recaudación.

Estas entidades actuarán según el procedimiento descrito en el artículo 19.

3. No obstante, y siempre que lo autorice el órgano competente, podrán realizarse ingresos directamente en las cajas de las aduanas, en particular en los siguientes casos:

a) Cuando deban efectuarse ingresos por el despacho de expediciones conducidas por los viajeros que se produzcan fuera del horario de apertura de las entidades colaboradoras o cuando estas se encuentren en lugares distantes de las oficinas de la aduana.

b) Cuando se efectúen depósitos en metálico por importaciones temporales.

4. Diariamente o en el plazo que se establezca por el Ministro de Economía y Hacienda, las cantidades recaudadas en cada una de las cajas de las aduanas deberán ser ingresadas por estas en una cuenta, autorizada al efecto por el órgano competente, abierta en una entidad de crédito de la localidad respectiva, a nombre de «Dependencia/Administración de Aduanas de ...», en la que serán custodiados los fondos hasta su ingreso.

El Ministro de Economía y Hacienda dictará las normas que regulen el funcionamiento, control y seguimiento de estas cuentas.

5. En las cajas de las aduanas únicamente podrán efectuarse pagos por devoluciones de depósitos en efectivo por importaciones temporales.

Para la realización de estas devoluciones, se podrá autorizar un fondo cuya dotación, funcionamiento y control se regularán por el

Ministro de Economía y Hacienda.

Subsección 5.ª Ingresos en cuentas restringidas abiertas en entidades de crédito y en cajas de órganos gestores

Artículo 21. Ingresos en cuentas restringidas y en cajas de órganos gestores.

1. Podrán realizarse los ingresos en cuentas restringidas de recaudación abiertas en entidades de crédito cuando, a propuesta del órgano gestor, se autorice, bien por la Agencia Estatal de Administración Tributaria cuando se trate de recursos del sistema tributario estatal y aduanero, bien por la Dirección General del Tesoro y Política Financiera.

Se autorizará dicho procedimiento cuando esté suficientemente justificada su necesidad por razones de mejor prestación del servicio, de custodia de fondos o similares. La autorización será individualizada y fijará las condiciones de utilización de dicha cuenta.

La cancelación de tales cuentas será acordada por los órganos competentes para su autorización cuando, por iniciativa del órgano gestor o propia, se compruebe que no subsisten las razones que motivaron su apertura o no se cumplen las condiciones impuestas para su uso.

2. El órgano de recaudación competente, a solicitud de los órganos gestores, podrá autorizar el ingreso en cajas situadas en las dependencias del órgano gestor cuando existan razones de economía, eficacia o mejor prestación del servicio a los usuarios.

En tal caso deberán aplicarse, como mínimo, las normas siguientes:

a) Deberá entregarse justificante de todo ingreso.

b) Deberá quedar constancia de cada ingreso.

c) Los fondos deberán ser ingresados en el Tesoro diariamente o en el plazo que establezca el órgano de recaudación, compatible con criterios de buena gestión.

Subsección 6.ª Especialidades del ingreso de deudas recaudadas por organismos autónomos

Artículo 22. Ingresos en organismos autónomos.

1. Los ingresos cuya gestión corresponda a los organismos autónomos podrán realizarse según se establezca en cada caso:

a) En las cuentas legalmente autorizadas abiertas a nombre del organismo en el Banco de España u otra entidad de crédito.

b) En las cajas del organismo.

c) En cuentas restringidas para la recaudación abiertas en entidades de crédito.

d) En entidades de crédito que presten el servicio de caja o sean autorizadas como colaboradoras en la recaudación.

e) Excepcionalmente, cuando los servicios deban prestarse en lugares alejados o en horarios distintos de los habituales o por otras razones de estricta necesidad, podrán admitirse ingresos a través de personas o entidades solventes habilitadas para tal fin.

2. Todos los ingresos realizados directamente en las cajas o en las cuentas del organismo legalmente autorizadas en el Banco de España u otra entidad de crédito serán registrados individual o colectivamente y comprobados con las facturas, recibos y demás justificantes de la venta, servicio u otra operación a que respondan.

Los fondos recaudados en las cajas deberán ser trasladados diariamente o en el plazo más breve posible a las cuentas del organismo, salvo en los casos en que deban realizarse por dichas cajas pagos habituales, sin perjuicio del registro de los ingresos y pagos por sus valores íntegros.

3. Los ingresos en cuentas restringidas deberán ser registrados en el organismo a través de sus propios documentos de gestión y comprobados periódicamente con los extractos u otros documentos bancarios.

Si esto no es posible por realizarse los ingresos sin actuación previa del organismo, la entidad de crédito en que está abierta la cuenta deberá enviarle periódicamente los justificantes de cada uno de los ingresos realizados para registro y comprobación. En ningún caso se realizará el registro de las operaciones a través de los extractos bancarios.

Con cargo a dichas cuentas restringidas no se podrán efectuar más pagos que los que tengan por objeto situar su saldo en la cuenta del organismo abierta en el Banco de España o, en su caso, en otra entidad de crédito.

4. Los ingresos a través de entidades de crédito que presten el servicio de caja o que sean autorizadas para actuar como colaboradoras en la recaudación se regirán por las normas establecidas en las subsecciones 2.ª y 3.ª de la sección 1.ª del capítulo II del título I, adaptadas a las peculiaridades de la gestión de los ingresos de cada organismo autónomo.

5. Los ingresos a través de personas o entidades ajenas a la Administración habilitadas para recibirlos deberán organizarse de forma que se garantice la integridad de los fondos recaudados por cuenta de la Hacienda pública, sin perjuicio de la prestación efectiva

de los servicios y, en especial, de acuerdo con las normas siguientes:

a) Deberá entregarse justificante de cada ingreso.

b) Deberá quedar constancia de cada ingreso.

c) El organismo deberá verificar los ingresos con sus comprobantes.

d) Los fondos deberán ser depositados en cuentas controladas por el organismo autónomo diariamente o en el menor plazo que sea compatible con criterios de buena gestión.

Sección 2.ª Recaudación de deudas de vencimiento periódico y notificación colectiva

Artículo 23. Modalidades de cobro.

La recaudación de deudas de vencimiento periódico y notificación colectiva podrá realizarse, según se establezca en cada caso:

a) Por los órganos de recaudación que tengan a su cargo la gestión de los recursos.

b) A través de una o varias entidades de crédito con las que se acuerde la prestación del servicio.

c) Por cualquier otra modalidad que se establezca para el ingreso de los recursos de la Hacienda pública.

Artículo 24. Anuncios de cobranza.

1. La comunicación del periodo de pago se llevará a cabo de forma colectiva, y se publicarán los correspondientes edictos en el boletín oficial que corresponda y en las oficinas de los ayuntamientos afectados. Dichos edictos podrán divulgarse por los medios de comunicación que se consideren adecuados.

2. El anuncio de cobranza deberá contener, al menos:

a) El plazo de ingreso.

b) La modalidad de cobro utilizable de entre las enumeradas en el artículo 23.

c) Los lugares, días y horas de ingreso.

d) La advertencia de que, transcurrido el plazo de ingreso, las deudas serán exigidas por el procedimiento de apremio y se devengarán los correspondientes recargos del periodo ejecutivo, los intereses de demora y, en su caso, las costas que se produzcan.

3. El anuncio de cobranza podrá ser sustituido por notificaciones individuales.

Artículo 25. Ingresos de deudas de vencimiento periódico y notificación colectiva.

1. En caso de deudas cuyo cobro se realice por recibo, cuando el obligado al pago u otra persona se persone en el lugar de ingreso, y por cualquier circunstancia no estuviera disponible el recibo, se admitirá el pago y se expedirá el correspondiente justificante, siempre que el obligado al pago figure inscrito en las listas cobratorias.

2. Los obligados al pago podrán domiciliar el pago de las deudas a las que se refiere esta sección en cuentas abiertas en entidades de crédito.

Para ello, conforme a lo dispuesto en el artículo 38, dirigirán comunicación al órgano de recaudación correspondiente al menos dos meses antes del comienzo del periodo de cobro. En otro caso, la comunicación surtirá efecto a partir del periodo siguiente.

Las domiciliaciones tendrán validez por tiempo indefinido en tanto no sean anuladas por el interesado, rechazadas por la entidad de crédito o la Administración disponga expresamente su invalidez por razones justificadas. En este último caso, la Administración deberá notificar el acuerdo por el que se declare la invalidez al obligado al pago y a la entidad colaboradora.

Sección 3.ª Ingresos en el Tesoro de las cantidades obtenidas en la gestión recaudatoria

Artículo 26. Disposiciones generales sobre ingresos en las cuentas del Tesoro.

1. Las cantidades percibidas por los distintos órganos en el ejercicio de la función recaudatoria y por las personas o entidades a las que se refiere el apartado 2 serán ingresadas por estos en las cuentas del Tesoro, con sujeción a las disposiciones contenidas en esta sección.

2. Cuando las entidades que presten el servicio de caja, las colaboradoras en la recaudación y cualquier otra persona o entidad que recaude por cuenta de la Hacienda pública no efectúen los ingresos en las cuentas del Tesoro en los plazos establecidos, el órgano de recaudación competente exigirá el inmediato ingreso y practicará liquidación por intereses de demora que será notificada para su ingreso en el Tesoro.

3. Los retrasos en los ingresos y las demás anomalías en la prestación de los servicios serán comunicados al órgano de recaudación competente, para la adopción de las medidas que en su caso procedan.

Artículo 27. Ingresos de la Caja de la Dirección General del Tesoro y Política Financiera.

La suma total recaudada por la Caja de la Dirección General del Tesoro y Política Financiera será ingresada en la cuenta del Tesoro público diariamente o en el plazo que establezca el Director General del Tesoro y Política Financiera que sea compatible con criterios de buena gestión.

Artículo 28. Ingresos de las entidades que presten el servicio de caja.

1. Las entidades de crédito que presten el servicio de caja en los órganos de recaudación ingresarán en la cuenta del Tesoro lo recaudado durante cada quincena dentro de los siete días hábiles siguientes al fin de cada una. Cada quincena comprenderá desde el fin de la anterior hasta el día 5 ó 20 siguiente o hasta el inmediato hábil posterior, si el 5 ó 20 son inhábiles.

A tales efectos, serán considerados días inhábiles los sábados.

Cualquiera que sea el número de días inhábiles el ingreso en la cuenta del Tesoro deberá producirse en el mismo mes en que finaliza la quincena correspondiente.

2. En los plazos, forma y soporte que establezca el Ministro de Economía y Hacienda, las referidas entidades entregarán al órgano de recaudación competente la información necesaria para la gestión y seguimiento de los ingresos.

3. Las entidades de crédito que presten el servicio de caja a otros órganos de la Administración del Estado, comunidades autónomas o entidades locales se regirán, en esta materia, por las disposiciones específicas aplicables dictadas por dichos órganos y, en ausencia de estas, por lo dispuesto en este artículo.

Artículo 29. Ingresos de las entidades colaboradoras.

1. Las entidades colaboradoras centralizarán la operación de ingreso en el Tesoro de las cantidades recaudadas durante cada quincena y el envío al órgano de recaudación competente de la información a que se refiere el apartado 2. Cada quincena comprenderá desde el fin de la anterior hasta el día 5 ó 20 siguiente o hasta el inmediato hábil posterior, si el 5 ó el 20 son inhábiles.

El día 18 de cada mes o el inmediato hábil anterior, las entidades colaboradoras ingresarán en la cuenta del Tesoro el total de lo recaudado durante la quincena que finaliza el día 5 del referido mes.

El penúltimo día hábil de cada mes las entidades colaboradoras ingresarán en la cuenta del Tesoro el total de lo recaudado durante la quincena que finaliza el día 20 de dicho mes.

A efectos de lo previsto en el presente apartado se considerarán días inhábiles los sábados, los domingos, las festividades nacionales, autonómicas y locales correspondientes a la localidad en la que se encuentra situada la oficina central de la entidad de crédito designada por la Administración tributaria correspondiente para recibir los ingresos.

En el supuesto en que el sistema automatizado transeuropeo de transferencia urgente para la liquidación bruta en tiempo real permanezca cerrado el día de ingreso determinado de acuerdo con los párrafos anteriores, el ingreso se realizará el día hábil inmediatamente anterior.

2. En los plazos, forma y soporte que establezca el Ministro de Economía y Hacienda, las referidas entidades entregarán al órgano de recaudación competente la información necesaria para la gestión y seguimiento de los ingresos.

3. Las entidades colaboradoras de los órganos del Estado, comunidades autónomas o entidades locales se regirán, en esta materia, por las disposiciones específicas aplicables dictadas por dichos órganos y, en ausencia de estas, por lo dispuesto en este artículo.

Artículo 30. Ingresos de las aduanas.

El Ministro de Economía y Hacienda determinará el lugar, plazo, forma y demás condiciones en las que se realizará el ingreso en el Tesoro de los saldos de las cuentas a que se refiere el artículo 20, correspondientes a aquellas aduanas en las que el órgano competente hubiera autorizado la existencia de caja.

Artículo 31. Otros ingresos en las cuentas del Tesoro en el Banco de España.

1. Las cantidades recaudadas a través de cuentas restringidas para la recaudación, sean de tasas, sean de cualquier otro ingreso de la Administración General del Estado y de sus organismos autónomos y cualesquiera otras cantidades recaudadas por personas o entidades por cuenta de la Hacienda pública no comprendidas en los artículos anteriores de esta sección, deberán transferirse a las cuentas oficiales en el Banco de España a nombre del Tesoro público o de los organismos autónomos correspondientes, en las fechas establecidas en sus normas reguladoras.

2. En defecto de dichas normas, los saldos existentes los días 5 y 20 de cada mes en las cuentas restringidas de recaudación se ingresarán los días 15 y último de cada mes, respectivamente.

Cuando el último día del mes coincida con día inhábil o no preste servicio el Banco de España, el ingreso se trasladará al inmediato anterior en que este preste servicio.

3. Igualmente, en defecto de normas reguladoras especiales, las cantidades recaudadas en cajas de los órganos gestores de la Administración General del Estado y de sus organismos autónomos, deberán ingresarse en las cuentas oficiales en el Banco de España no más tarde de fin del mes en que hayan sido recaudadas.

TÍTULO II

La deuda

◀ *LGT 58-82* ▶

CAPÍTULO I

Extinción de la deuda

Artículo 32. Formas de extinción de la deuda.

Las deudas podrán extinguirse por pago, prescripción, compensación, deducción sobre transferencias, condonación, por los medios previstos en la normativa aduanera y por los demás medios previstos en las leyes.

◀ *LGT 59.1* ▶

Sección 1.ª Pago

◀ *LGT 60-65* ▶

Subsección 1.ª Normas generales

Artículo 33. Legitimación, lugar de pago y forma de pago.

1. Puede efectuar el pago, en periodo voluntario o periodo ejecutivo, cualquier persona, tenga o no interés en el cumplimiento de la obligación, ya lo conozca y lo apruebe, ya lo ignore el obligado al pago.

El tercero que pague la deuda no estará legitimado para ejercitar ante la Administración los derechos que corresponden al obligado al pago.

2. El pago de las deudas podrá realizarse en las cajas de los órganos competentes, en las entidades que, en su caso, presten el servicio de caja, en las entidades colaboradoras y demás personas o

entidades autorizadas para recibir el pago, directamente o por vía telemática, cuando así esté previsto en la normativa vigente.

3. Los pagos realizados a órganos no competentes para recibirlos o a personas no autorizadas para ello no liberarán al deudor de su obligación de pago, sin perjuicio de las responsabilidades de todo orden en que incurra el perceptor que admita indebidamente el pago.

4. El pago de las deudas podrá realizarse en efectivo, mediante efectos timbrados y en especie.

Artículo 34. Medios y momento del pago en efectivo.

1. El pago de las deudas y sanciones tributarias que deba realizarse en efectivo se podrá hacer siempre en dinero de curso legal.

Asimismo, se podrá realizar por alguno de los siguientes medios, con los requisitos y condiciones que para cada uno de ellos se establecen en este reglamento y siguiendo los procedimientos que se dispongan en cada caso:

a) Cheque.

b) Tarjeta de crédito y débito.

c) Transferencia bancaria.

d) Domiciliación bancaria.

e) Cualesquiera otros que se autoricen por el Ministerio de Economía y Hacienda.

Será admisible el pago por los medios a los que se refieren los párrafos b), c) y d) en aquellos casos en los que así se establezca expresamente en una norma tributaria.

2. El pago en efectivo de las deudas no tributarias se efectuará por los medios que autorice su propia normativa. Si no se hubiera dispuesto regla especial, el pago deberá realizarse por los medios citados en el apartado 1, excepto los párrafos b), c) y d) que requerirán regulación expresa.

3. Se entiende pagada en efectivo una deuda cuando se ha realizado el ingreso de su importe en las cajas de los órganos competentes, entidades colaboradoras, entidades que presten el servicio de caja o demás personas o entidades autorizadas para recibir el pago.

4. Cuando el pago se realice a través de entidades de crédito u otras personas autorizadas, la entrega al deudor del justificante de ingreso liberará a este desde la fecha que se consigne en el justificante y por el importe que figure en él, quedando obligada la entidad de crédito o persona autorizada frente a la Hacienda pública desde ese momento y por dicho importe, salvo que pudiera probarse fehacientemente la inexactitud de la fecha o del importe que conste

en la validación del justificante.

5. Las órdenes de pago dadas por el deudor a las entidades de crédito u otras personas autorizadas para recibir el pago no surtirán por sí solas efectos frente a la Hacienda pública, sin perjuicio de las acciones que correspondan al ordenante frente a la entidad o persona responsable del incumplimiento.

Artículo 35. Pago mediante cheque.

1. Los pagos que se realicen en las entidades de crédito que presten el servicio de caja podrán efectuarse mediante cheque que deberá reunir además de los requisitos exigidos por la legislación mercantil, los siguientes:

a) Ser nominativo a favor del Tesoro público y cruzado.

b) Estar conformado o certificado por la entidad librada, en fecha y forma.

La admisión de cheques que incumplan alguno de los requisitos anteriores quedará a riesgo de la entidad que los acepte, sin perjuicio de las acciones que correspondan a dicha entidad contra el obligado al pago.

No obstante, cuando un cheque válidamente conformado o certificado no pueda ser hecho efectivo en todo o en parte el pago le será exigido a la entidad que lo conformó o certificó.

La entrega del cheque en la entidad que, en su caso, preste el servicio de caja, liberará al deudor por el importe satisfecho siempre que se haga efectivo. El efecto liberatorio se entenderá producido desde la fecha en que el cheque haya sido entregado en dicha entidad. Esta validará el correspondiente justificante de ingreso en el que consignará la fecha de entrega y el importe del pago, quedando desde ese momento la entidad obligada ante la Hacienda pública por la cuantía efectivamente ingresada.

2. Los pagos que deban efectuarse en las cajas de la Dirección General del Tesoro y Política Financiera podrán hacerse mediante cheque, que deberá reunir, además de los requisitos generales exigidos por la legislación mercantil, los siguientes:

a) Ser nominativo a favor del Tesoro público y cruzado al Banco de España.

b) Incluir el nombre y apellidos o razón social o denominación completa del librador que se expresará debajo de la firma con toda claridad.

La entrega del cheque liberará al obligado al pago por el importe satisfecho, cuando sea hecho efectivo. En tal caso, surtirá efectos desde la fecha en que haya tenido entrada en la caja correspondiente.

Artículo 36. Pago mediante tarjeta de crédito y débito.

1. Será admisible el pago mediante tarjetas de crédito y débito ante las entidades de crédito que, en su caso, presten el servicio de caja, siempre que la tarjeta a utilizar se encuentre incluida entre las que, a tal fin, sean admitidas en cada momento por dichas entidades.

2. El límite de los pagos a realizar vendrá determinado por el asignado por la entidad emisora individualmente a cada tarjeta y que, en ningún caso, podrá superar la cantidad que se establezca en la orden del Ministro de Economía y Hacienda correspondiente por cada documento de ingreso, no pudiendo simultanearse, para un mismo documento de ingreso, con cualquier otro de los medios de pago admitidos.

3. Los importes ingresados por los obligados al pago a través de tarjetas de crédito y débito no podrán ser minorados como consecuencia de descuentos en la utilización de tales tarjetas o por cualquier otro motivo.

4. La Administración establecerá, en su caso, las condiciones para utilizar este medio de pago por vía telemática.

Artículo 37. Pago mediante transferencia bancaria.

Se considerará efectuado el pago en la fecha en que haya tenido entrada el importe correspondiente en la entidad que, en su caso, preste el servicio de caja, quedando liberado desde ese momento el obligado al pago frente a la Hacienda pública por la cantidad ingresada.

La Administración establecerá, en su caso, las condiciones para utilizar este medio de pago por vía telemática.

Artículo 38. Pago mediante domiciliación bancaria.

1. La domiciliación bancaria deberá ajustarse a los siguientes requisitos:

a) Que el obligado al pago sea titular de la cuenta en que domicilie el pago y que dicha cuenta se encuentre abierta en una entidad de crédito.

En los términos y condiciones en que cada Administración lo establezca, el pago podrá domiciliarse en una cuenta que no sea de titularidad del obligado, siempre que el titular de dicha cuenta autorice la domiciliación.

b) Que el obligado al pago comunique su orden de domiciliación a los órganos de la Administración según los procedimientos que se establezcan en cada caso.

2. Los pagos se entenderán realizados en la fecha de cargo en

cuenta de dichas domiciliaciones, considerándose justificante del ingreso el que a tal efecto expida la entidad de crédito donde se encuentre domiciliado el pago, que incorporará como mínimo los datos que se establezcan en la orden ministerial correspondiente.

3. En aquellos casos en los que el cargo en cuenta no se realice o se realice fuera de plazo por causa no imputable al obligado al pago, no se exigirán a este recargos, intereses de demora ni sanciones, sin perjuicio de los intereses de demora que, en su caso, corresponda liquidar y exigir a la entidad responsable por la demora en el ingreso.

4. La Administración establecerá, en su caso, las condiciones para utilizar este medio de pago por vía telemática.

5. En los términos y condiciones en que cada Administración lo establezca, cuando el pago se realice a través de terceros autorizados de acuerdo con lo que establece el artículo 92 de la Ley 58/2003, de 17 de diciembre, General Tributaria, estos deberán estar expresamente autorizados por la Administración para efectuar la domiciliación del pago en cuentas de su titularidad.

Artículo 39. Pago mediante efectos timbrados.

1. Tienen la condición de efectos timbrados:

a) El papel timbrado común.

b) El papel timbrado de pagos al Estado.

c) Los documentos timbrados especiales.

d) Los timbres móviles.

e) Los aprobados por orden del Ministro de Economía y Hacienda.

2. El empleo, forma, estampación, visado, inutilización, condiciones de canje y demás características de los efectos timbrados se regirán por las normas que regulan los tributos y demás recursos de naturaleza pública que admiten dicho medio de pago y por las de este reglamento.

3. La creación y modificación de efectos timbrados se hará por orden del Ministro de Economía y Hacienda, que se publicará en el «Boletín Oficial del Estado».

4. El grabado, estampación y elaboración, tanto de los propios efectos como de troqueles, matrices y demás elementos sustanciales para el empleo de aquellos se realizarán por la Fábrica Nacional de Moneda y Timbre-Real Casa de la Moneda, salvo que el Ministro de Economía y Hacienda autorice su realización por otras entidades.

5. Cuando por modificación de las normas que regulan los tributos y demás recursos de naturaleza pública o sus tarifas sea precisa la utilización de nuevos efectos timbrados, se procederá a

retirar los anteriores de la circulación de forma que se garantice su destrucción.

6. Los poseedores de efectos retirados de la circulación podrán obtener su canje por otros en vigor.

Igualmente podrá obtenerse el canje del papel timbrado común, papel timbrado de pagos al Estado y documentos timbrados especiales por errores en su redacción o por cualquier otra causa que los inutilice para su uso, siempre que no contengan firmas, rúbricas u otros indicios de haber surtido efecto.

Artículo 40. Pago en especie.

1. El obligado al pago que pretenda utilizar el pago en especie como medio para satisfacer deudas a la Administración deberá solicitarlo al órgano de recaudación que tenga atribuida la competencia en la correspondiente norma de organización específica. La solicitud contendrá necesariamente los siguientes datos:

a) Nombre y apellidos o razón social o denominación completa, número de identificación fiscal y domicilio fiscal del obligado al pago y, en su caso, de la persona que lo represente.

b) Identificación de la deuda indicando, al menos, su importe, concepto y fecha de finalización del plazo de ingreso en periodo voluntario.

c) Lugar, fecha y firma del solicitante.

A la solicitud deberá acompañarse la valoración de los bienes y el informe sobre el interés de aceptar esta forma de pago, emitidos ambos por el órgano competente del Ministerio de Cultura o por el órgano competente determinado por la normativa que autorice el pago en especie. En defecto de los citados informes deberá acompañarse el justificante de haberlos solicitado.

Si la deuda tributaria a que se refiere la solicitud de pago en especie ha sido determinada mediante autoliquidación, deberá adjuntar el modelo oficial de esta, debidamente cumplimentado, salvo que el interesado no esté obligado a presentarlo por obrar ya en poder de la Administración; en tal caso, señalará el día y procedimiento en que lo presentó.

La solicitud de pago en especie presentada en periodo voluntario junto con los documentos a los que se refieren los párrafos anteriores impedirá el inicio del periodo ejecutivo pero no el devengo del interés de demora que corresponda.

La solicitud en periodo ejecutivo podrá presentarse hasta el momento en que se notifique al obligado el acuerdo de enajenación de los bienes embargados o sobre los que se hubiese constituido garantía de cualquier naturaleza y no tendrá efectos suspensivos. No obstante, el órgano de recaudación podrá suspender motivadamente las actuaciones de enajenación de los citados bienes hasta que sea dictado el acuerdo que ponga fin al procedimiento de pago en especie por el órgano competente.

2. Cuando la solicitud no reúna los requisitos o no se acompañen los documentos que se señalan en el apartado anterior, el órgano competente para la tramitación requerirá al solicitante para que en el plazo de 10 días contados a partir del día siguiente al de la notificación del requerimiento subsane el defecto o aporte los documentos, con indicación de que, si así no lo hiciera, se tendrá por no presentada la solicitud y se archivará sin más trámite.

Si la solicitud de pago en especie se hubiese presentado en periodo voluntario de ingreso y el plazo para atender el requerimiento de subsanación finalizase con posterioridad al plazo de ingreso en periodo voluntario y aquel no fuese atendido, se iniciará el procedimiento de apremio mediante la notificación de la oportuna providencia de apremio.

Cuando el requerimiento de subsanación haya sido objeto de contestación en plazo por el interesado pero no se hayan subsanado los defectos observados, procederá la denegación de la solicitud de pago en especie.

3. La resolución deberá notificarse en el plazo de seis meses. Transcurrido el plazo sin que se haya notificado la resolución, los interesados podrán considerar desestimada la solicitud a efectos de interponer frente a la denegación presunta el correspondiente recurso o esperar la resolución expresa.

El órgano competente acordará de forma motivada la aceptación o no de los bienes en pago de la deuda.

En el ámbito de competencias del Estado, la resolución deberá ser adoptada por el Director del Departamento de Recaudación de la Agencia Estatal de Administración Tributaria.

4. De dicho acuerdo de aceptación o de denegación, se remitirá copia al Ministerio de Cultura, o al que corresponda en función del tipo del bien, y a la Dirección General del Patrimonio del Estado.

5. Si se dictase acuerdo de aceptación, su eficacia quedará condicionada a la entrega o puesta a disposición de los bienes ofrecidos. De producirse esta en la forma establecida en el acuerdo de aceptación y en el plazo establecido en este reglamento, los efectos extintivos de la deuda se entenderán producidos desde la fecha de la solicitud.

En caso de aceptación del pago en especie, la deuda devengará interés de demora desde la finalización del plazo de ingreso en periodo voluntario hasta que los bienes hayan sido entregados o puestos a disposición de la Administración con conocimiento de esta, pudiendo afectarse en el acuerdo de aceptación el bien dado en pago a la cancelación de dichos intereses de demora, de ser suficiente el valor del citado bien.

6. Si la resolución dictada fuese denegatoria, las consecuencias serán las siguientes:

a) Si la solicitud fue presentada en periodo voluntario de ingreso, con la notificación del acuerdo denegatorio se iniciará el plazo de ingreso regulado en el artículo 62.2 de la Ley 58/2003, de 17 de diciembre, General Tributaria.

De no producirse el ingreso en dicho plazo, comenzará el periodo ejecutivo y deberá iniciarse el procedimiento de apremio en los términos previstos en el artículo 167.1 de la Ley 58/2003, de 17 de diciembre, General Tributaria.

De realizarse el ingreso en dicho plazo, procederá la liquidación de los intereses de demora devengados a partir del día siguiente al del vencimiento del plazo de ingreso en periodo voluntario hasta la fecha del ingreso realizado durante el plazo abierto con la notificación de la denegación. De no realizarse el ingreso, los intereses se liquidarán hasta la fecha de vencimiento de dicho plazo, sin perjuicio de los que puedan devengarse con posterioridad conforme a lo dispuesto en el artículo 26 de la Ley 58/2003, de 17 de diciembre, General Tributaria.

b) Si la solicitud fue presentada en periodo ejecutivo de ingreso deberá iniciarse el procedimiento de apremio en los términos previstos en el artículo 167.1 de la Ley 58/2003, de 17 de diciembre, General Tributaria, de no haberse iniciado con anterioridad.

7. La entrega o puesta a disposición de la Administración de los bienes deberá ser efectuada en el plazo de 10 días contados a partir del siguiente al de la notificación del acuerdo de aceptación de pago en especie, salvo que dicha entrega o puesta a disposición se hubiese realizado en un momento anterior. Del documento justificativo de la recepción en conformidad se remitirá copia al órgano de recaudación.

De no producirse la entrega o puesta a disposición de los bienes en los términos del párrafo anterior, quedará sin efecto el acuerdo de aceptación, con las consecuencias siguientes:

a) Si la solicitud fue presentada en periodo voluntario de ingreso y este ya hubiese transcurrido, se iniciará el periodo ejecutivo al día siguiente de aquel en que finalizó el plazo para la entrega o puesta a disposición, debiendo iniciarse el procedimiento de apremio en los términos previstos en el artículo 167.1 de la Ley 58/2003, de 17 de diciembre, General Tributaria, exigiéndose el ingreso del principal de la deuda y el recargo del periodo ejecutivo.

Se procederá a la liquidación los intereses de demora devengados a partir del día siguiente al del vencimiento del plazo de ingreso en periodo voluntario hasta la fecha de fin del plazo para entregar o poner a disposición los bienes, sin perjuicio de los que se devenguen posteriormente en virtud de lo dispuesto en el artículo 26 de la Ley 58/2003, de 17 de diciembre, General Tributaria.

b) Si la solicitud fue presentada en periodo ejecutivo de ingreso, deberá continuarse el procedimiento de apremio.

8. En lo no previsto en este artículo, los efectos de esta forma de pago serán los establecidos en la legislación civil para la dación en pago.

Artículo 41. Justificantes y certificaciones del pago.

1. Quien realice el pago de una deuda conforme a lo dispuesto en este reglamento tendrá derecho a que se le entregue un justificante del pago.

2. Los justificantes del pago en efectivo serán, según los casos:

a) Los recibos.

b) Las cartas de pago suscritas o validadas por órganos competentes o por entidades autorizadas para recibir el pago.

c) Las certificaciones acreditativas del ingreso efectuado.

d) Cualquier otro documento al que se otorgue expresamente el carácter de justificante de pago por el Ministerio de Economía y Hacienda y, en particular, los determinados por la normativa reguladora de los ingresos por vía telemática.

3. Los justificantes de pago en efectivo deberán indicar, al menos, las siguientes circunstancias:

a) Nombre y apellidos o razón social o denominación completa, número de identificación fiscal y domicilio del deudor.

b) Concepto, importe de la deuda y periodo a que se refiere.

c) Fecha de pago.

d) Órgano, persona o entidad que lo expide.

4. Cuando los justificantes de pago se extiendan por medios mecánicos, las circunstancias del apartado anterior podrán expresarse en clave o abreviatura suficientemente identificadoras, en su conjunto, del deudor y de la deuda satisfecha a que se refieran.

5. Cuando se empleen efectos timbrados, los justificantes de pago serán los propios efectos debidamente inutilizados.

6. Cuando se efectúe el pago en especie, se considerará justificante de pago la certificación emitida por el órgano competente en la que conste haberse realizado la entrega o puesta a disposición de los bienes.

7. El deudor podrá solicitar de la Administración certificación acreditativa del pago efectuado quedando esta obligada a expedirla.

Artículo 42. Actuaciones a realizar en el supuesto de tributos incompatibles.

1. En los supuestos previstos en el artículo 62.8 de la Ley 58/2003, de 17 de diciembre, General Tributaria, una vez determinado por el órgano competente qué tributo es el procedente, se actuará como se indica a continuación:

a) Si el tributo procedente fuese el liquidado en primer lugar, se anulará la segunda liquidación efectuada, procediendo la devolución de las cantidades que, en su caso, se hubiesen ingresado respecto de esta última.

b) Si el tributo procedente fuese el liquidado en segundo lugar, se procederá según los casos:

1.º Cuando la liquidación practicada en segundo lugar sea firme por no haber sido recurrida en plazo, procederá la extinción de la deuda en la parte concurrente con la devolución de ingresos que se reconozca en relación con la liquidación efectuada en primer lugar que resulta improcedente, una vez que dicho acuerdo de devolución sea firme. En este caso, la Administración competente en relación con el tributo procedente declarará dicha extinción en los términos del apartado 2.

No obstante, la extinción no se producirá en los siguientes casos:

Cuando, en el caso de que se haya declarado improcedente un tributo objeto de repercusión, el obligado al pago que soportó la repercusión del tributo indebidamente repercutido tenga derecho a la deducción total del importe soportado indebidamente.

Cuando, en el caso de que se haya declarado improcedente un tributo objeto de repercusión, el sujeto pasivo del tributo repercutido haya procedido a la rectificación de las cuotas repercutidas correspondientes a la operación, de acuerdo con la normativa propia de ese tributo.

2.º Cuando la liquidación practicada en segundo lugar haya sido recurrida, se esperará a que la resolución sea firme en todas las instancias. Adquirida dicha firmeza, se procederá según se indica a continuación en función del caso de que se trate:

En el caso de que la resolución administrativa o judicial declare improcedente el tributo liquidado, se considerará procedente la tributación inicial, debiendo efectuarse la devolución de las cantidades que pudiesen derivarse de los ingresos efectuados en relación con la liquidación anulada por la citada resolución administrativa o judicial.

En el caso de que la resolución administrativa o judicial declare la procedencia del tributo pero anule la liquidación, se girará una nueva y, una vez firme esta, se procederá conforme a lo previsto en el párrafo 1.º anterior y se declarará la extinción de la deuda. Cuando no sea posible practicar nueva liquidación por tal concepto, se procederá a devolver las cantidades que pudiesen derivarse de los ingresos efectuados en relación con la liquidación anulada.

En el caso de que la resolución administrativa o judicial declare procedente la tributación y la liquidación correspondiente, procederá la extinción de la deuda en la forma y con los requisitos previstos en el párrafo 1.º anterior.

2. La Administración que hubiera liquidado el tributo improcedente deberá transferir a la Administración que hubiera liquidado el tributo procedente la cuantía necesaria para declarar la extinción de la deuda derivada de la liquidación procedente. Una vez recibida la transferencia, se procederá a declarar la extinción de la deuda.

3. La extinción regulada en el apartado anterior no impedirá la regularización de la situación tributaria del obligado que repercutió el tributo que, en su caso, corresponda.

Artículo 43. Consignación.

◀ *LGT 64* ▶

1. Los obligados al pago podrán consignar en efectivo el importe de la cantidad debida y de las costas en la Caja General de Depósitos u órgano equivalente de las restantes Administraciones públicas o en alguna de sus sucursales, en los siguientes casos:

a) Cuando se interpongan las reclamaciones o recursos procedentes.

b) Cuando la caja del órgano competente, entidades colaboradoras, entidades que presten el servicio de caja o demás personas o entidades autorizadas para recibir el pago no lo hayan admitido, debiendo hacerlo, o no puedan admitirlo por causa de fuerza mayor.

2. En el caso del apartado 1.a), la consignación suspenderá la ejecución del acto impugnado desde la fecha en que haya sido efectuada, cuando se realice de acuerdo con las normas que regulan los recursos y reclamaciones.

En el caso del apartado 1.b), tendrá los efectos liberatorios del pago desde la fecha en que haya sido efectuada y por el importe que haya sido objeto de consignación y siempre que se comunique al órgano de recaudación.

Subsección 2.ª Aplazamiento y fraccionamiento

Artículo 44. Aplazamiento y fraccionamiento del pago.

◀ *LGT 65* ▶

1. La Administración podrá a solicitud del obligado aplazar o fraccionar el pago de las deudas en los términos previstos en los artículos 65 y 82 de la Ley 58/2003, de 17 de diciembre, General Tributaria.

2. Serán aplazables o fraccionables todas las deudas tributarias y demás de naturaleza pública cuya titularidad corresponda a la Hacienda pública, salvo las excepciones previstas en las leyes.

3. Las deudas correspondientes a obligaciones tributarias que deban cumplir el retenedor o el obligado a realizar ingresos a cuenta únicamente serán aplazables o fraccionables en los supuestos previstos en el artículo 82.2.b) de la Ley 58/2003, de 17 de diciembre, General Tributaria.

4. Las solicitudes de aplazamiento o fraccionamiento de pago de la deuda aduanera serán tramitadas y resueltas de acuerdo con lo establecido en su normativa específica. Para aquellas solicitudes cuya tramitación, de conformidad con la normativa de organización específica, corresponda a los órganos de recaudación, este reglamento será aplicable de forma supletoria.

Artículo 45. Competencia en materia de aplazamientos y fraccionamientos.

1. Las solicitudes de aplazamiento o fraccionamiento de las deudas cuya recaudación se lleve a cabo por la Agencia Estatal de Administración Tributaria serán tramitadas y resueltas por esta.

2. Las solicitudes de aplazamiento o fraccionamiento formuladas en el periodo voluntario de pago de las deudas y sanciones del sistema tributario estatal o aduanero cuya gestión en dicho periodo esté encomendada a un órgano de la Administración General del Estado u organismo autónomo, serán tramitadas y resueltas por la Agencia Estatal de Administración Tributaria, salvo que, de forma expresa y específica, las normas reguladoras de esos recursos reserven a los citados órganos la gestión del aplazamiento o fraccionamiento en periodo voluntario.

3. Las solicitudes de aplazamiento o fraccionamiento de los demás recursos de naturaleza pública serán tramitadas y resueltas por la Dirección General del Tesoro y Política Financiera o por las Delegaciones de Economía y Hacienda, salvo que la gestión de dichos recursos esté atribuida a otros órganos de la Administración

General del Estado, organismos autónomos u otra entidad de derecho público; en tal caso, serán tramitadas y resueltas por estos órganos o entidades.

Artículo 46. Solicitudes de aplazamiento y fraccionamiento.

1. Las solicitudes de aplazamiento o fraccionamiento se dirigirán al órgano competente para su tramitación dentro de los plazos siguientes:

a) Deudas que se encuentren en periodo voluntario de ingreso o de presentación de las correspondientes autoliquidaciones: dentro del plazo fijado para el ingreso en el artículo 62.1, 2 y 3 de la Ley 58/2003, de 17 de diciembre, General Tributaria, o en la normativa específica. A estos efectos, en el caso de deudas resultantes de autoliquidaciones presentadas fuera de plazo, sólo se entenderá que la solicitud se presenta en periodo voluntario cuando la solicitud de aplazamiento o fraccionamiento se presente junto con la autoliquidación extemporánea.

b) Deudas que se encuentren en periodo ejecutivo: en cualquier momento anterior a la notificación del acuerdo de enajenación de los bienes.

2. La solicitud de aplazamiento o fraccionamiento contendrá necesariamente los siguientes datos:

a) Nombre y apellidos o razón social o denominación completa, número de identificación fiscal y domicilio fiscal del obligado al pago y, en su caso, de la persona que lo represente.

b) Identificación de la deuda cuyo aplazamiento o fraccionamiento se solicita, indicando al menos su importe, concepto y fecha de finalización del plazo de ingreso en periodo voluntario.

c) Causas que motivan la solicitud de aplazamiento o fraccionamiento.

d) Plazos y demás condiciones del aplazamiento o fraccionamiento que se solicita.

e) Garantía que se ofrece, conforme a lo dispuesto en el artículo 82 de la Ley 58/2003, de 17 de diciembre, General Tributaria.

f) Orden de domiciliación bancaria, indicando el número de código cuenta cliente y los datos identificativos de la entidad de crédito que deba efectuar el cargo en cuenta, cuando la Administración competente para resolver haya establecido esta forma de pago como obligatoria en estos supuestos.

g) Lugar, fecha y firma del solicitante.

3. A la solicitud de aplazamiento o fraccionamiento se deberá acompañar:

a) Compromiso de aval solidario de entidad de crédito o sociedad de garantía recíproca o de certificado de seguro de caución, o la documentación que se detalla en los apartados 4 y 5, según el tipo de garantía que se ofrezca.

b) En su caso, los documentos que acrediten la representación y el lugar señalado a efectos de notificación.

c) Los demás documentos o justificantes que estime oportunos. En particular, deberá justificarse la existencia de dificultades económico-financieras que le impidan de forma transitoria efectuar el pago en el plazo establecido.

d) Si la deuda tributaria cuyo aplazamiento o fraccionamiento se solicita ha sido determinada mediante autoliquidación, el modelo oficial de esta, debidamente cumplimentado, salvo que el interesado no esté obligado a presentarlo por obrar ya en poder de la Administración; en tal caso, señalará el día y procedimiento en que lo presentó.

e) En su caso, solicitud de compensación durante la vigencia del aplazamiento o fraccionamiento con los créditos que puedan reconocerse a su favor durante el mismo periodo de tiempo sin perjuicio de lo dispuesto en el artículo 52.2, segundo párrafo.

4. Cuando se solicite la admisión de garantía que no consista en aval de entidad de crédito o sociedad de garantía recíproca o certificado de seguro de caución, se aportará, junto a la solicitud de aplazamiento o fraccionamiento y a los documentos a que se refiere el apartado 3.b), c) y d), la siguiente documentación:

◀ *LGT 82.1.2° párrafo* ▶

a) Declaración responsable y justificación documental de la imposibilidad de obtener dicho aval o certificado de seguro de caución, en la que consten las gestiones efectuadas para su obtención.

b) Valoración de los bienes ofrecidos en garantía efectuada por empresas o profesionales especializados e independientes. Cuando exista un registro de empresas o profesionales especializados en la valoración de un determinado tipo de bienes, la valoración deberá efectuarse, preferentemente, por una empresa o profesional inscrito en dicho registro.

c) Balance y cuenta de resultados del último ejercicio cerrado e informe de auditoría, si existe, en caso de empresarios o profesionales obligados por ley a llevar contabilidad.

5. Cuando se solicite la dispensa total o parcial de garantía, se aportará junto a la solicitud, además de los documentos a que se refiere el apartado 3.b), c) y d), la siguiente documentación:

◀ *LGT 82.2* ▶

a) Declaración responsable y justificación documental manifestando carecer de bienes o no poseer otros que los ofrecidos en garantía.

b) Justificación documental de la imposibilidad de obtener aval de entidad de crédito o sociedad de garantía recíproca o certificado de seguro de caución, en la que consten las gestiones efectuadas para su obtención.

c) Balance y cuenta de resultados de los tres últimos años e informe de auditoría, si existe, en caso de empresarios o profesionales obligados por ley a llevar contabilidad.

d) Plan de viabilidad y cualquier otra información que justifique la posibilidad de cumplir el aplazamiento o fraccionamiento solicitado.

6. Si la solicitud no reúne los requisitos establecidos en la normativa o no se acompañan los documentos citados en los apartados anteriores, el órgano competente para la tramitación del aplazamiento o fraccionamiento requerirá al solicitante para que, en un plazo de 10 días contados a partir del siguiente al de la notificación del requerimiento, subsane el defecto o aporte los documentos con indicación de que, de no atender el requerimiento en el plazo señalado, se tendrá por no presentada la solicitud y se archivará sin más trámite.

No procederá la subsanación si no se acompaña a la solicitud de aplazamiento o fraccionamiento la autoliquidación que no obre en poder de la Administración. En este caso, procederá la inadmisión conforme a lo previsto en el artículo 47.

Si la solicitud de aplazamiento o fraccionamiento se hubiese presentado en periodo voluntario de ingreso y el plazo para atender el requerimiento de subsanación finalizase con posterioridad al plazo de ingreso en periodo voluntario y aquel no fuese atendido, se iniciará el procedimiento de apremio mediante la notificación de la oportuna providencia de apremio.

Cuando el requerimiento de subsanación haya sido objeto de contestación en plazo por el interesado pero no se entiendan subsanados los defectos observados, procederá la denegación de la solicitud de aplazamiento o fraccionamiento.

Podrá acordarse la denegación cuando la garantía aportada por el solicitante hubiese sido rechazada anteriormente por la Administración tributaria por falta de suficiencia jurídica o económica o por falta de idoneidad.

7. Cuando se considere oportuno a efectos de dictar resolución,

se podrá requerir al solicitante la información y documentación que considere necesaria para resolver la solicitud de aplazamiento o fraccionamiento y, en particular, la referente a la titularidad, descripción, estado, cargas y utilización de los bienes ofrecidos en garantía.

Artículo 47. Inadmisión de solicitudes de aplazamiento y fraccionamiento.

1. Serán inadmitidas las solicitudes de aplazamiento y fraccionamiento en los siguientes casos:

a) Cuando la deuda deba ser declarada mediante autoliquidación y esta última no haya sido objeto de presentación con anterioridad o conjuntamente con la solicitud de aplazamiento o fraccionamiento.

b) Cuando la autoliquidación haya sido presentada habiéndose iniciado con anterioridad un procedimiento de comprobación o investigación que hubiera quedado suspendido por haber pasado el tanto de culpa a la jurisdicción competente o por haber sido remitido el expediente al Ministerio Fiscal por concurrir alguno de los supuestos regulados en el artículo 305 del Código Penal, siempre que la solicitud de aplazamiento o fraccionamiento se refiera a conceptos y periodos objeto de dicho procedimiento de comprobación o investigación.

En aquellos supuestos en los que la concurrencia de las circunstancias previstas en este párrafo b) se ponga de manifiesto una vez iniciada la tramitación de la solicitud de aplazamiento o fraccionamiento, esta última quedará sin efecto de forma automática, debiendo comunicarse al Ministerio Fiscal o al órgano jurisdiccional la presentación de dicha solicitud.

2. La presentación de solicitudes de aplazamiento o fraccionamiento reiterativas de otras anteriores que hayan sido objeto de denegación previa implicará su inadmisión cuando no contengan modificación sustancial respecto de la solicitud previamente denegada y, en particular, cuando dicha reiteración tenga por finalidad dilatar, dificultar o impedir el desarrollo de la gestión recaudatoria.

3. La inadmisión implicará que la solicitud de aplazamiento o fraccionamiento se tenga por no presentada a todos los efectos.

4. Contra el acuerdo de inadmisión cabrá la interposición de recurso o reclamación económica-administrativa.

Artículo 48. Garantías en aplazamientos y fraccionamientos.

◀ *LGT 82* ▶

1. Cuando el solicitante sea una Administración pública no se

exigirá garantía.

2. La garantía cubrirá el importe de la deuda en periodo voluntario, de los intereses de demora que genere el aplazamiento y un 25 por ciento de la suma de ambas partidas.

3. En caso de solicitud de fraccionamiento, podrá constituirse una única garantía para la totalidad de las fracciones que puedan acordarse o bien garantías parciales e independientes para una o varias fracciones.

En todo caso, la garantía deberá cubrir el importe de las fracciones a que se refiera, incluyendo el importe que por principal e intereses de demora se incorpore a las fracciones más el 25 por ciento de la suma de ambas partidas.

4. La suficiencia económica y jurídica de las garantías será apreciada por el órgano competente para la tramitación del aplazamiento o fraccionamiento.

Cuando dicha apreciación presente especial complejidad, se podrá solicitar informe de otros servicios técnicos de la Administración o contratar servicios externos. Asimismo, el órgano competente para tramitar el aplazamiento o fraccionamiento podrá solicitar informe al órgano con funciones de asesoramiento jurídico correspondiente sobre la suficiencia jurídica de la garantía ofrecida.

Si la valoración del bien ofrecido en garantía resultara insuficiente para garantizar el aplazamiento o fraccionamiento en los términos previstos en este reglamento, deducidas las cargas en su caso existentes y no se tratase de un supuesto de los regulados en el artículo 50, se requerirá al solicitante para que en el plazo de 10 días contados a partir del día siguiente al de la notificación del requerimiento aporte garantías complementarias o bien acredite la imposibilidad de aportarlas, conforme a lo dispuesto en el artículo 46.4 y 5.

Si el requerimiento no es atendido o, siéndolo, no se entiende complementada la garantía o suficientemente justificada la imposibilidad de complementarla, procederá la denegación de la solicitud.

5. La vigencia de la garantía constituida mediante aval o certificado de seguro de caución deberá exceder al menos en seis meses al vencimiento del plazo o plazos garantizados.

6. La garantía deberá formalizarse en el plazo de dos meses contados a partir del día siguiente al de la notificación del acuerdo de concesión cuya eficacia quedará condicionada a dicha formalización.

7. Transcurrido el plazo de dos meses sin haberse formalizado las garantías, las consecuencias serán las siguientes:

a) Si la solicitud fue presentada en periodo voluntario de ingreso, se iniciará el periodo ejecutivo al día siguiente de aquel en que finalizó el plazo para la formalización de las garantías, debiendo iniciarse el procedimiento de apremio en los términos previstos en el artículo 167.1 de la Ley 58/2003, de 17 de diciembre, General Tributaria, exigiéndose el ingreso del principal de la deuda y el recargo del periodo ejecutivo.

Se procederá a la liquidación de los intereses de demora devengados a partir del día siguiente al del vencimiento del plazo de ingreso en periodo voluntario hasta la fecha de fin del plazo para la formalización de las garantías sin perjuicio de los que se devenguen posteriormente en virtud de lo dispuesto en el artículo 26 de la Ley 58/2003, de 17 de diciembre, General Tributaria.

b) Si la solicitud fue presentada en periodo ejecutivo de ingreso, deberá continuar el procedimiento de apremio.

8. La aceptación de la garantía será competencia del órgano que deba resolver el aplazamiento o fraccionamiento solicitado. Dicha aceptación se efectuará mediante documento administrativo que, en su caso, será remitido a los registros públicos correspondientes para que su contenido se haga constar en estos.

9. Las garantías serán liberadas de inmediato una vez realizado el pago total de la deuda garantizada, incluidos, en su caso, los recargos, los intereses de demora y las costas. Si se trata de garantías parciales e independientes, estas deberán ser liberadas de forma independiente cuando se satisfagan los plazos garantizados por cada una de ellas.

10. El reembolso del coste de las garantías aportadas para aplazar o fraccionar el pago de una deuda o sanción tributaria, cuando dicha deuda o sanción sean declaradas improcedentes por sentencia o resolución administrativa firme regulado en el artículo 33 de la Ley 58/2003, de 17 de diciembre, General Tributaria, se tramitará y resolverá de acuerdo con lo establecido para el reembolso de los costes de las garantías aportadas para suspender la ejecución de un acto impugnado.

Además de los costes de las garantías previstos en el párrafo anterior, se reembolsarán los costes originados por la adopción de medidas cautelares en sustitución de las garantías a que se refiere el artículo 82.1 de la Ley 58/2003, de 17 de diciembre, General Tributaria.

11. En los supuestos de estimación parcial de un recurso o reclamación cuya resolución no pueda ser ejecutada de conformidad con la normativa reguladora de los recursos y reclamaciones, el obligado al pago tendrá derecho, si así lo solicita, a la reducción proporcional de la garantía aportada para aplazar o fraccionar una deuda.

A estos efectos, el órgano competente practicará en el plazo de 15 días desde la presentación de la solicitud del interesado una cuantificación de la deuda que, en su caso, hubiera resultado de la ejecución de la resolución del correspondiente recurso o reclamación, la cual servirá para determinar el importe de la reducción procedente y, en consecuencia, de la garantía que debe quedar subsistente.

No obstante, la garantía anterior seguirá afecta al pago del importe de la deuda subsistente, manteniendo su vigencia hasta la formalización de la nueva garantía que cubra el importe de la deuda subsistente.

Serán órganos competentes para proceder a la sustitución de la garantía los órganos que acordaron el aplazamiento o fraccionamiento.

Artículo 49. Adopción de medidas cautelares en el ámbito de los aplazamientos y fraccionamientos.

◀ *LGT 83.1.3° párrafo* ▶

1. Cuando la constitución de la garantía resulte excesivamente onerosa en relación con la cuantía y plazo de la deuda, el obligado al pago podrá solicitar que la Administración adopte medidas cautelares en sustitución de las garantías necesarias si tiene solicitadas devoluciones tributarias u otros pagos a su favor o cuando sea titular de bienes o derechos que sean susceptibles de embargo preventivo. Cuando dichos bienes o derechos sean susceptibles de inscripción en un registro público, la concesión estará supeditada a la inscripción previa en el correspondiente registro.

En el propio acuerdo en el que se resuelva el aplazamiento o fraccionamiento, la Administración tributaria accederá o denegará dicha solicitud atendiendo, entre otras circunstancias, a la situación económico-financiera del deudor o a la naturaleza del bien o derecho sobre el que se debiera adoptar la medida cautelar. En todo caso, la decisión deberá ser motivada.

Se denegará la solicitud cuando sea posible realizar el embargo de dichos bienes o derechos con arreglo a lo dispuesto en los artículos 75 a 93.

Los costes originados por la adopción de medidas cautelares en sustitución de las garantías necesarias serán a cargo del deudor. A dichos costes se aplicará lo dispuesto en los artículos 113 a 115.

En caso de incumplimiento del aplazamiento o fraccionamiento resultará aplicable lo dispuesto con carácter general para los supuestos de falta de pago regulados en esta subsección. Con carácter previo a la ejecución de la garantía, la medida cautelar adoptada deberá ser convertida en definitiva en el procedimiento de apremio.

2. Cuando se presente una solicitud de aplazamiento o fraccionamiento en periodo voluntario y concurran las circunstancias previstas en el artículo 81.1 de la Ley 58/2003, de 17 de diciembre, General Tributaria, podrán adoptarse las medidas cautelares reguladas en dicho precepto para asegurar el cobro de la deuda, sin perjuicio de la resolución que pueda recaer en relación con la solicitud realizada y en tanto esta se tramita.

Artículo 50. Dispensa de garantías en aplazamientos y fraccionamientos.

◀ *LGT 82.2* ▶

1. Cuando se solicite un aplazamiento o fraccionamiento con dispensa total o parcial de garantías de acuerdo con lo dispuesto en el artículo 82.2.b) de la Ley 58/2003, de 17 de diciembre, General Tributaria, el órgano competente investigará la existencia de bienes o derechos susceptibles de ser aportados en garantía del aplazamiento o fraccionamiento solicitado.

Comprobada la existencia de dichos bienes y derechos, se efectuará requerimiento al solicitante para que complemente su solicitud con la aportación de aquellos como garantía en los términos previstos en el artículo 48.4 de este reglamento y con las consecuencias allí establecidas para el caso de inatención o de atención insuficiente a dicho requerimiento.

2. Concedido el aplazamiento o fraccionamiento con dispensa total o parcial de garantías, el solicitante quedará obligado durante el periodo a que aquel se extienda a comunicar al órgano competente para la recaudación de las deudas aplazadas o fraccionadas cualquier variación económica o patrimonial que permita garantizar la deuda. En tal caso, se le concederá el plazo previsto en el artículo 48.6 para constituir la garantía.

Cuando la Administración conozca de oficio la modificación de dichas circunstancias, se procederá a su notificación al interesado concediendo un plazo de 15 días contados a partir del día siguiente al de la notificación para que alegue lo que estime conveniente. Transcurrido el plazo de alegaciones, la Administración requerirá, en su caso, al interesado para la formalización de la garantía o para la modificación de la garantía preexistente, indicándole los bienes sobre los que debe constituirse esta y el plazo para su formalización, en los términos del artículo 48.

En particular, si durante la vigencia del aplazamiento o fraccionamiento se repartiesen beneficios, con anterioridad al reparto deberá constituirse la correspondiente garantía para el pago de las obligaciones pendientes con la Hacienda pública.

El incumplimiento de la obligación de constituir garantía prevista en este apartado tendrá las mismas consecuencias que las reguladas en este reglamento para la falta de formalización de garantías.

3. En los supuestos de fraccionamientos, en los que se hubiera solicitado su concesión con dispensa parcial de garantías, de accederse a la solicitud, dicha garantía parcial quedará afecta a la totalidad de las fracciones incorporadas al acuerdo, y será de aplicación, en caso de incumplimiento de pago, lo dispuesto en el artículo 54.2.

Artículo 51. Tramitación de solicitudes de aplazamientos y fraccionamientos.

1. El órgano competente para la tramitación examinará y evaluará la falta de liquidez y la capacidad para generar recursos y valorará la suficiencia e idoneidad de las garantías, o, en caso de solicitud de dispensa de garantía, verificará la concurrencia de las condiciones precisas para obtenerla.

Realizados los trámites anteriores, se formulará propuesta de resolución que será remitida al órgano competente para su resolución.

2. Durante la tramitación de la solicitud el deudor deberá efectuar el pago del plazo, fracción o fracciones propuestos en aquella.

El órgano competente para la tramitación de la solicitud, si estima que la resolución pudiera verse demorada como consecuencia de la complejidad del expediente, valorará el establecimiento de un calendario provisional de pagos hasta que la resolución se produzca. Dicho calendario podrá incorporar plazos distintos de los propuestos por el solicitante y lo sustituirá a todos los efectos.

En caso de incumplimiento de cualquiera de dichos pagos, ya sean los propuestos por el interesado o los fijados por la Administración en el correspondiente calendario, se podrá denegar la solicitud por concurrir dificultades económico-financieras de carácter estructural.

De la oportunidad y conveniencia de la fijación de dicho calendario deberá quedar justificación en el expediente.

3. Si en cualquier momento durante la tramitación del aplazamiento o fraccionamiento el interesado efectúa el ingreso de la deuda, la Administración liquidará intereses de demora por el periodo transcurrido desde el día siguiente al del vencimiento del plazo de ingreso en periodo voluntario hasta la fecha del ingreso.

En el supuesto de fijación de un calendario provisional por la Administración o de propuesta por el interesado de plazos o fracciones, cada uno de los pagos realizados en virtud de cualquiera de los dos calendarios se imputará a la cancelación del principal de la deuda a que se refiere la solicitud de aplazamiento o fraccionamiento. Si el aplazamiento o fraccionamiento resulta finalmente concedido, se liquidarán los intereses devengados sobre cada uno los pagos efectuados en virtud de dicho calendario o propuesta desde el día siguiente al del vencimiento del plazo de ingreso en periodo voluntario hasta la fecha del pago respectivo, notificándose dicha liquidación al interesado junto con el acuerdo de aplazamiento o fraccionamiento, otorgándose los plazos de ingreso señalados en el artículo 62.2 de la Ley 58/2003, de 17 de diciembre, General Tributaria.

Artículo 52. Resolución de solicitudes de aplazamientos y fraccionamientos.

1. Las resoluciones que concedan aplazamientos o fraccionamientos de pago especificarán el número de código cuenta cliente, en su caso, y los datos identificativos de la entidad de crédito que haya de efectuar el cargo en cuenta conforme al artículo 46.2.f), los plazos de pago y demás condiciones del acuerdo. La resolución podrá señalar plazos y condiciones distintos de los solicitados.

En todo caso, el vencimiento de los plazos deberá coincidir con los días 5 ó 20 del mes. Cuando el acuerdo incluya varias deudas, se señalarán de forma independiente los plazos y cuantías que afecten a cada una.

2. En la resolución podrán establecerse las condiciones que se estimen oportunas para asegurar el pago efectivo en el plazo más breve posible y para garantizar la preferencia de la deuda aplazada o fraccionada, así como el correcto cumplimiento de las obligaciones tributarias del solicitante.

En particular, podrán establecerse condiciones por las que se afecten al cumplimiento del aplazamiento o fraccionamiento los pagos que la Hacienda pública deba realizar al obligado durante la vigencia del acuerdo, en cuantía que no perjudique a la viabilidad económica o continuidad de la actividad. A tal efecto, se entenderá, en los supuestos de concesión de aplazamientos o fraccionamientos concedidos con dispensa total o parcial de garantías, que desde el momento de la resolución se formula la oportuna solicitud de compensación para que surta sus efectos en cuanto concurran créditos y débitos, aun cuando ello pueda suponer vencimientos anticipados de los plazos y sin perjuicio de los nuevos cálculos de intereses de demora que resulten procedentes.

De igual forma, podrá exigirse y condicionarse el mantenimiento y eficacia del acuerdo de concesión del aplazamiento o fraccionamiento a que el solicitante se encuentre al corriente de sus obligaciones tributarias durante la vigencia del acuerdo.

Cuando la resolución de fraccionamiento incluyese deudas que se encontrasen en periodo voluntario y deudas que se encontrasen en periodo ejecutivo de ingreso en el momento de presentarse la solicitud, el acuerdo de concesión no podrá acumular en la misma fracción deudas que se encontrasen en distinto periodo de ingreso. En todo caso, habrán de satisfacerse en primer lugar aquellas fracciones que incluyan las deudas que se encontrasen en periodo ejecutivo de ingreso en el momento de efectuarse la solicitud.

3. Si la resolución concediese el aplazamiento o fraccionamiento, se notificará al solicitante advirtiéndole de los efectos que se producirán de no constituirse la garantía en el plazo legalmente establecido y en caso de falta de pago conforme a los artículos 48 y 54. Dicha notificación incorporará el cálculo de los intereses de demora asociados a cada uno de los plazos de ingreso concedidos según lo dispuesto en el artículo siguiente.

Si una vez concedido un aplazamiento o fraccionamiento el deudor solicitase una modificación en sus condiciones, la petición no tendrá, en ningún caso, efectos suspensivos. La tramitación y resolución de estas solicitudes se regirá por las mismas normas que las establecidas para las peticiones de aplazamiento o fraccionamiento con carácter general.

4. Si la resolución dictada fuese denegatoria, las consecuencias serán las siguientes:

a) Si la solicitud fue presentada en periodo voluntario de ingreso, con la notificación del acuerdo denegatorio se iniciará el plazo de ingreso regulado en el artículo 62.2 de la Ley 58/2003, de 17 de diciembre, General Tributaria.

De no producirse el ingreso en dicho plazo, comenzará el periodo ejecutivo y deberá iniciarse el procedimiento de apremio en los términos previstos en el artículo 167.1 de la Ley 58/2003, de 17 de diciembre, General Tributaria.

De realizarse el ingreso en dicho plazo, procederá la liquidación de los intereses de demora devengados a partir del día siguiente al del vencimiento del plazo de ingreso en periodo voluntario hasta la fecha del ingreso realizado durante el plazo abierto con la notificación de la denegación. De no realizarse el ingreso los intereses se liquidarán hasta la fecha de vencimiento de dicho plazo, sin perjuicio de los que puedan devengarse con posterioridad conforme a lo dispuesto en el artículo 26 de la Ley 58/2003, de 17 de diciembre, General Tributaria.

b) Si la solicitud fue presentada en periodo ejecutivo de ingreso, deberá iniciarse el procedimiento de apremio en los términos previstos en el artículo 167.1 de la Ley 58/2003, de 17 de diciembre, General Tributaria, de no haberse iniciado con anterioridad.

5. Contra la denegación de las solicitudes de aplazamiento o fraccionamiento sólo cabrá la presentación del correspondiente recurso de reposición o reclamación económico-administrativa en los términos y con los efectos establecidos en la normativa aplicable.

6. La resolución deberá notificarse en el plazo de seis meses.

Transcurrido dicho plazo sin que se haya notificado la resolución, se podrá entender desestimada la solicitud a los efectos de interponer el recurso correspondiente o esperar la resolución expresa.

Artículo 53. Cálculo de intereses en aplazamientos y fraccionamientos.

1. En caso de concesión del aplazamiento se calcularán intereses de demora sobre la deuda aplazada, por el tiempo comprendido entre el día siguiente al del vencimiento del plazo de ingreso en periodo voluntario y la fecha del vencimiento del plazo concedido. Si el aplazamiento ha sido solicitado en periodo ejecutivo, la base para el cálculo de intereses no incluirá el recargo del periodo ejecutivo. Los intereses devengados se deberán ingresar junto con la deuda aplazada.

2. En caso de concesión del fraccionamiento, se calcularán intereses de demora por cada fracción de deuda.

Si el fraccionamiento ha sido solicitado en periodo ejecutivo, la base para el cálculo de intereses no incluirá el recargo del periodo ejecutivo.

Por cada fracción de deuda se computarán los intereses devengados desde el día siguiente al del vencimiento del plazo de ingreso en periodo voluntario hasta la fecha del vencimiento del plazo concedido. Los intereses devengados por cada fracción deberán pagarse junto con dicha fracción en el plazo correspondiente.

3. En caso de denegación del aplazamiento o fraccionamiento de deudas:

a) Si fue solicitado en periodo voluntario, se liquidarán intereses de demora de conformidad con el artículo 52.4.

b) Si fue solicitado en periodo ejecutivo, se liquidarán intereses una vez realizado el pago, de conformidad con el artículo 72.

Artículo 54. Actuaciones en caso de falta de pago en aplazamientos y fraccionamientos.

1. En los aplazamientos, si llegado el vencimiento del plazo concedido no se efectuara el pago, se producirán los siguientes efectos:

a) Si la solicitud fue presentada en periodo voluntario, se iniciará el periodo ejecutivo al día siguiente del vencimiento del plazo incumplido, debiendo iniciarse el procedimiento de apremio. Se exigirá el ingreso del principal de la deuda, los intereses de demora devengados a partir del día siguiente al del vencimiento del plazo de ingreso en periodo voluntario hasta la fecha del vencimiento del plazo concedido y el recargo del periodo ejecutivo sobre la suma de ambos conceptos.

b) Si la solicitud fue presentada en periodo ejecutivo, deberá continuar el procedimiento de apremio.

c) En los supuestos recogidos en los párrafos a) y b), transcurridos los plazos previstos en el artículo 62.5 de la Ley 58/2003, de 17 de diciembre, General Tributaria, sin que el ingreso de las cantidades exigidas se hubiese efectuado, se procederá según dispone su artículo 168.

2. En los fraccionamientos concedidos con dispensa total de garantías o con garantía o garantías constituidas sobre el conjunto de las fracciones, si llegado el vencimiento de una fracción no se efectuara el pago, las consecuencias serán las siguientes:

a) Si la fracción incumplida incluyese deudas en periodo ejecutivo en el momento de presentarse la solicitud:

1.º Para la totalidad de las deudas incluidas en el acuerdo de fraccionamiento que se encontrasen en periodo ejecutivo en el momento de presentarse la solicitud deberá continuarse el procedimiento de apremio.

2.º Para la totalidad de las deudas incluidas en el acuerdo de fraccionamiento que se encontrasen en periodo voluntario en el momento de presentarse la solicitud, se iniciará el periodo ejecutivo al día siguiente del vencimiento de la fracción incumplida, debiendo iniciarse el procedimiento de apremio. Se exigirán los intereses de demora devengados a partir del día siguiente al del vencimiento del plazo de ingreso en periodo voluntario hasta la fecha del vencimiento de pago de la fracción incumplida.

b) Si la fracción incumplida incluyese deudas en periodo voluntario en el momento de presentarse la solicitud, se procederá respecto de dicha fracción incumplida a iniciar el procedimiento de apremio. Se exigirá el importe de dicha fracción, los intereses de demora devengados a partir del día siguiente al del vencimiento del plazo de ingreso en periodo voluntario hasta la fecha del vencimiento del plazo concedido y el recargo del periodo ejecutivo sobre la suma de ambos conceptos.

De no producirse el ingreso de las cantidades exigidas conforme al párrafo anterior se considerarán vencidas el resto de las fracciones pendientes, debiendo iniciarse el procedimiento de apremio respecto de todas las deudas. Se exigirán los intereses de demora devengados a partir del día siguiente al del vencimiento del plazo de ingreso en periodo voluntario hasta la fecha del vencimiento de pago de la fracción incumplida.

c) En los fraccionamientos concedidos con garantía o garantías constituidas sobre el conjunto de las fracciones, transcurridos los plazos previstos en el artículo 62.5 de la Ley 58/2003, de 17 de diciembre, General Tributaria, sin que el ingreso de las cantidades exigidas se hubiese efectuado, se procederá según dispone su artículo 168.

3. Si en los fraccionamientos las garantías se hubiesen constituido con carácter parcial e independiente para una o varias fracciones y llegado el vencimiento de una fracción no se efectuara el pago, las consecuencias serán las siguientes:

a) Si la fracción incumplida incluyese deudas en periodo ejecutivo de ingreso en el momento de presentarse la solicitud, se producirá el vencimiento de la totalidad de las fracciones a las que extienda sus efectos la garantía parcial e independiente.

Si la garantía parcial extendiese sus efectos a fracciones que incluyesen deudas en periodo ejecutivo de ingreso y a fracciones que incluyesen deudas en periodo voluntario de ingreso en el momento de solicitarse el fraccionamiento, se deberá continuar el procedimiento de apremio respecto de las primeras. Respecto de las segundas deberá iniciarse el procedimiento de apremio y se exigirán los intereses de demora devengados a partir del día siguiente al del vencimiento del plazo de ingreso en periodo voluntario hasta la fecha del vencimiento de pago de la fracción incumplida.

Transcurridos los plazos previstos en el artículo 62.5 de la Ley 58/2003, de 17 de diciembre, General Tributaria, sin que el ingreso de las cantidades exigidas se hubiese efectuado, se procederá a ejecutar la garantía parcial.

El acuerdo de fraccionamiento permanecerá vigente respecto de las fracciones a las que no alcance la garantía parcial e independiente.

b) Si la fracción incumplida incluyese deudas en periodo voluntario de ingreso en el momento de presentarse la solicitud, las consecuencias en relación con la fracción incumplida y con el resto de las fracciones pendientes a las que extienda sus efectos la garantía parcial e independiente serán las establecidas en el apartado 2.b).

Transcurridos los plazos previstos en el artículo 62.5 de la Ley 58/2003, de 17 de diciembre, General Tributaria, sin que el ingreso de las cantidades exigidas se hubiese efectuado, se procederá a ejecutar la garantía parcial e independiente.

El acuerdo de fraccionamiento permanecerá vigente respecto de las fracciones a las que no alcance la garantía parcial e independiente.

4. La ejecución de las garantías a que se refiere este artículo se realizará por el procedimiento regulado en el artículo 74.

El importe líquido obtenido se aplicará al pago de la deuda pendiente, incluidas costas, recargos e intereses de demora.

La parte sobrante será puesta a disposición del garante o de quien corresponda.

5. En los supuestos de aplazamiento o de fraccionamiento con dispensa parcial de garantía o de insuficiencia sobrevenida de las garantías en su día formalizadas, no será necesario esperar a su ejecución para proseguir las actuaciones del procedimiento de apremio. En el caso de insuficiencia sobrevenida deberá quedar motivada en el expediente la continuación del procedimiento de apremio como consecuencia de aquella.

Sección 2.ª Otras formas de extinción

◀ LGT 71-76 ▶

Artículo 55. Deudas compensables.

◀ LGT 71.1 ▶

Las deudas de naturaleza pública a favor de la Hacienda pública, tanto en periodo voluntario como en ejecutivo, podrán extinguirse total o parcialmente por compensación con los créditos reconocidos por aquella a favor del deudor en virtud de un acto administrativo.

Artículo 56. Compensación a instancia del obligado al pago.

1. El obligado al pago que inste la compensación deberá dirigir al órgano competente para su tramitación la correspondiente solicitud, que contendrá los siguientes datos:

a) Nombre y apellidos o razón social o denominación completa, número de identificación fiscal y domicilio fiscal del obligado al pago y, en su caso, de la persona que lo represente.

b) Identificación de la deuda cuya compensación se solicita, indicando al menos, su importe, concepto y fecha de vencimiento del plazo de ingreso en periodo voluntario.

c) Identificación del crédito reconocido por la Hacienda pública a favor del solicitante cuya compensación se ofrece, indicando al menos su importe, concepto y órgano gestor.

d) Lugar, fecha y firma del solicitante.

2. A la solicitud de compensación se acompañarán los siguientes documentos:

a) Si la deuda tributaria cuya compensación se solicita ha sido determinada mediante autoliquidación, el modelo oficial de esta debidamente cumplimentado, salvo que el interesado no esté obligado a presentarlo por obrar ya en poder de la Administración; en tal caso, señalará el día y procedimiento en que lo presentó.

b) Justificación de haber solicitado certificado de la oficina de contabilidad del órgano u organismo gestor del gasto o del pago, en el que se refleje la existencia del crédito reconocido pendiente de pago, la fecha de su reconocimiento y la suspensión, a instancia del interesado, de los trámites para su abono en tanto no se comunique la resolución del procedimiento de compensación.

El Ministerio de Economía y Hacienda podrá dictar las disposiciones oportunas para normalizar las mencionadas certificaciones administrativas.

Si el crédito ofrecido en compensación deriva de una devolución tributaria, en lugar de la certificación anterior se acompañará, en su caso, copia del acto, resolución o sentencia que lo reconozca.

3. Si la solicitud no reúne los requisitos o no se acompañan los documentos que se señalan en este artículo, el órgano competente para la tramitación del procedimiento requerirá al solicitante para que en el plazo de 10 días contados a partir del día siguiente al de la notificación del requerimiento subsane el defecto o aporte los documentos preceptivos, con indicación de que, si así no lo hiciera, se tendrá por no presentada la solicitud y se archivará sin más trámite.

Si la solicitud de compensación se hubiese presentado en periodo voluntario de ingreso y el plazo para atender el requerimiento de subsanación finalizase con posterioridad al plazo de ingreso en periodo voluntario y aquel no fuese atendido, se iniciará el procedimiento de apremio mediante la notificación de la oportuna providencia de apremio.

Cuando el requerimiento de subsanación haya sido objeto de contestación en plazo por el interesado pero no se entiendan subsanados los defectos observados, procederá la denegación de la solicitud de compensación.

Dicho requerimiento no será efectuado cuando, examinada la solicitud y contrastados los datos indicados en esta con los que obren en poder de la Administración, quede acreditada la inexistencia del crédito ofrecido o cuando, tratándose dicho crédito de una devolución tributaria, se compruebe la inexistencia de su solicitud. En este supuesto se tendrá por no presentada la solicitud de compensación y se procederá a su archivo sin más trámite.

4. Cuando la solicitud se presente en periodo ejecutivo, podrán suspenderse las actuaciones de enajenación de los bienes o derechos.

5. El órgano competente para resolver acordará la compensación cuando concurran los requisitos establecidos con carácter general en la normativa tributaria y civil o, en su caso, en la legislación aplicable con carácter específico.

Si la resolución dictada fuese denegatoria, los efectos serán los siguientes:

a) Si la solicitud fue presentada en periodo voluntario de ingreso, con la notificación del acuerdo denegatorio se iniciará el plazo de ingreso regulado en el artículo 62.2 de la Ley 58/2003, de 17 de diciembre, General Tributaria.

De no producirse el ingreso en dicho plazo, comenzará el periodo ejecutivo y deberá iniciarse el procedimiento de apremio en los términos previstos en el artículo 167.1 de la Ley 58/2003, de 17 de diciembre, General Tributaria.

De realizarse el ingreso en dicho plazo, procederá la liquidación de los intereses de demora devengados a partir del día siguiente al del vencimiento del plazo de ingreso en periodo voluntario hasta la fecha del ingreso realizado durante el plazo abierto con la notificación de la denegación. De no realizarse el ingreso, los intereses se liquidarán hasta la fecha de vencimiento de dicho plazo, sin perjuicio de los que puedan devengarse con posterioridad conforme a lo dispuesto en el artículo 26 de la Ley 58/2003, de 17 de diciembre, General Tributaria.

b) Si la solicitud fue presentada en periodo ejecutivo de ingreso, deberá iniciarse el procedimiento de apremio en los términos previstos en el artículo 167.1 de la Ley 58/2003, de 17 de diciembre, General Tributaria, de no haberse iniciado con anterioridad.

6. La solicitud de compensación no impedirá la solicitud de aplazamientos o fraccionamientos de la deuda restante.

7. La resolución deberá notificarse en el plazo de seis meses.

Transcurrido dicho plazo sin que haya notificado la resolución, los interesados podrán considerar desestimada la solicitud a los efectos de interponer el recurso correspondiente o esperar la resolución expresa.

Artículo 57. Compensación de oficio de deudas de entidades públicas.

1. Las deudas vencidas, líquidas y exigibles a favor de la Hacienda pública estatal que deba satisfacer un ente territorial, un organismo autónomo, la Seguridad Social o una entidad de derecho público serán compensables de oficio, una vez transcurrido el plazo de ingreso en periodo voluntario.

2. La compensación se realizará con los créditos de naturaleza tributaria reconocidos a favor de las entidades citadas y con los demás créditos reconocidos en su favor por ejecución del presupuesto de gastos del Estado o de sus organismos autónomos y por devoluciones de ingresos presupuestarios.

3. El inicio del procedimiento de compensación se notificará a la entidad correspondiente indicando la deuda y el crédito que van a ser objeto de compensación en la cantidad concurrente.

Artículo 58. Compensación de oficio de deudas de otros acreedores a la Hacienda pública.

1. Cuando un deudor a la Hacienda pública no comprendido en el artículo anterior sea, a su vez, acreedor de aquella por un crédito reconocido, una vez transcurrido el periodo voluntario, se compensará de oficio la deuda y los recargos del periodo ejecutivo que procedan con el crédito.

2. No obstante, se compensarán de oficio durante el plazo de ingreso en periodo voluntario:

a) Las cantidades a ingresar y a devolver que resulten de un mismo procedimiento de comprobación limitada o inspección, debiéndose producir el ingreso o la devolución de la cantidad diferencial que proceda.

b) Las cantidades a ingresar y a devolver que resulten de la práctica de una nueva liquidación por haber sido anulada otra anterior. En este caso, en la notificación de la nueva liquidación se procederá a la compensación de la cantidad que proceda y se notificará al obligado al pago el importe diferencial para que lo ingrese en los plazos establecidos en el artículo 62.2 de la Ley 58/2003, de 17 de diciembre, General Tributaria. En este supuesto, procederá la liquidación de los intereses de demora devengados según lo dispuesto en el artículo 26.5 de la Ley 58/2003, de 17 de diciembre, General Tributaria, intereses que serán objeto de compensación en el mismo acuerdo.

Artículo 59. Efectos de la compensación.

1. Adoptado el acuerdo de compensación, se declararán extinguidas las deudas y créditos en la cantidad concurrente. Dicho acuerdo será notificado al interesado y servirá como justificante de la extinción de la deuda.

2. Si el crédito es inferior a la deuda, se procederá como sigue:

a) La parte de deuda que exceda del crédito seguirá el régimen ordinario, iniciándose el procedimiento de apremio, si no es ingresada a su vencimiento, o continuando dicho procedimiento, si ya se hubiese iniciado con anterioridad, siendo posible practicar compensaciones sucesivas con los créditos que posteriormente puedan reconocerse a favor del obligado al pago.

b) Por la parte concurrente se procederá según lo dispuesto en el apartado 1.

3. En caso de que el crédito sea superior a la deuda, declarada la compensación, se abonará la diferencia al interesado.

Artículo 60. Extinción de deudas de las entidades de derecho público mediante deducciones sobre transferencias.

◀ *LGT 74* ▶

1. Las deudas de naturaleza pública vencidas, líquidas y exigibles que los entes territoriales, organismos autónomos, Seguridad Social y demás entidades de derecho público tengan con la Hacienda pública estatal podrán extinguirse mediante deducción de las cantidades que la Administración General del Estado deba transferir a las referidas entidades.

2. Las actuaciones serán las siguientes:

a) Comprobada por el órgano de recaudación competente la existencia de una deuda de las previstas en el apartado anterior y la inexistencia de créditos a favor de la entidad deudora que puedan ser objeto de compensación de oficio, se comunicará a esta que, habiendo transcurrido el periodo voluntario de ingreso sin que se haya efectuado el pago de las deudas y no existiendo crédito reconocido a su favor, se iniciará el procedimiento de deducción mediante acuerdo que se notificará a la entidad deudora, acompañado de la propuesta de deducción, con indicación de la deuda a que se refiere.

En la notificación se concederá un plazo de 15 días contados a partir del día siguiente a aquel en que aquella se produzca para efectuar las alegaciones que estime convenientes, advirtiéndose que de no formular alegaciones, ni aportar nuevos documentos o elementos de prueba, podrá dictarse la resolución de acuerdo con dicha propuesta.

A la vista de las alegaciones formuladas por la entidad deudora, el órgano de recaudación competente podrá efectuar propuesta de deducción al Departamento de Recaudación de la Agencia Estatal de Administración Tributaria. En otro caso, acordará el archivo de las actuaciones, que se notificará la entidad deudora poniendo fin al procedimiento.

El inicio del procedimiento de deducción determinará la suspensión del procedimiento de cobro de las deudas a que se refiera, con efectos desde la fecha de inicio hasta que se produzca la deducción o hasta que, en su caso y de conformidad con lo previsto en el párrafo anterior, se acuerde el archivo de las actuaciones.

Dicha suspensión no afectará a la compensación de oficio de créditos que puedan reconocerse a favor de la entidad deudora.

Efectuada dicha compensación, el acuerdo de deducción se reducirá, sin necesidad de acuerdo expreso, en igual cuantía a la compensada.

b) El órgano competente para resolver dictará, si procede, el acuerdo de deducción, notificándolo al ente acreedor y, en su caso, al órgano competente para que proceda a su ejecución. El acuerdo de deducción será notificado al deudor.

c) En su caso, se practicará la liquidación de intereses de demora que se hayan devengado y se notificará al deudor.

Sección 3.ª Baja provisional por insolvencia

◀ LGT 76 ▶

Artículo 61. Concepto de deudor fallido y de crédito incobrable.

1. Se considerarán fallidos aquellos obligados al pago respecto de los cuales se ignore la existencia de bienes o derechos embargables o realizables para el cobro del débito. En particular, se estimará que no existen bienes o derechos embargables cuando los poseídos por el obligado al pago no hubiesen sido adjudicados a la Hacienda pública de conformidad con lo que se establece en el artículo 109. Asimismo, se considerará fallido por insolvencia parcial el deudor cuyo patrimonio embargable o realizable conocido tan solo alcance a cubrir una parte de la deuda.

La declaración de fallido podrá referirse a la insolvencia total o parcial del deudor.

Son créditos incobrables aquellos que no han podido hacerse efectivos en el procedimiento de apremio por resultar fallidos los obligados al pago.

El concepto de incobrable se aplicará a los créditos y el de fallido a los obligados al pago.

2. Una vez declarados fallidos los deudores principales y los responsables solidarios, la acción de cobro se dirigirá frente al responsable subsidiario.

Si no existieran responsables subsidiarios o, si existiendo, estos resultan fallidos, el crédito será declarado incobrable por el órgano de recaudación.

3. Sin perjuicio de lo que establece la normativa presupuestaria y atendiendo a criterios de eficiencia en la utilización de los recursos disponibles, se determinarán por el Director del Departamento de Recaudación de la Agencia Estatal de Administración Tributaria las actuaciones concretas que deberán realizarse a efectos de justificar la declaración de crédito incobrable.

Artículo 62. Efectos de la baja provisional por insolvencia.

1. La declaración total o parcial de crédito incobrable determinará la baja en cuentas del crédito en la cuantía a que se refiera dicha declaración.

2. Dicha declaración no impide el ejercicio por la Hacienda pública contra quien proceda de las acciones que puedan ejercitarse con arreglo a las leyes, en tanto no se haya producido la prescripción del derecho de la Administración para exigir el pago.

3. La declaración de fallido correspondiente a personas o entidades inscritas en el Registro Mercantil será anotada en este en virtud de mandamiento expedido por el órgano de recaudación competente. Con posterioridad a la anotación el registro comunicará a dicho órgano de recaudación cualquier acto relativo a dichas personas o entidades que se presente a inscripción o anotación.

4. Declarado fallido un obligado al pago, las deudas de vencimiento posterior a la declaración se considerarán vencidas y podrán ser dadas de baja por referencia a dicha declaración, si no existen otros obligados al pago.

Artículo 63. Revisión de fallidos y rehabilitación de créditos incobrables.

1. El órgano de recaudación vigilará la posible solvencia sobrevenida de los obligados al pago declarados fallidos.

2. En caso de producirse tal circunstancia y de no mediar prescripción, procederá la rehabilitación de los créditos declarados incobrables, reanudándose el procedimiento de recaudación partiendo de la situación en que se encontraban en el momento de la declaración de crédito incobrable o de la baja por referencia.

CAPÍTULO II

Garantías de la deuda

◀ *LGT 77-82* ▶

Artículo 64. Derecho de prelación.

◀ *LGT 77* ▶

1. Conforme a lo dispuesto lo dispuesto en el artículo 77 de la Ley 58/2003, de 17 de diciembre, General Tributaria, cuando existan anotaciones de embargo en los Registros de la Propiedad y de Bienes Muebles, practicadas con anterioridad a la del crédito de la Hacienda pública sobre unos mismos bienes embargados, el órgano de recaudación podrá elevar al órgano competente el expediente a efectos de acordar, si procede, el ejercicio de la acción de tercería de mejor derecho en defensa de los intereses de la Hacienda pública, previo informe del órgano con funciones de asesoramiento jurídico.

2. Cuando en los mencionados registros consten derechos inscritos o anotados con anterioridad a la anotación de embargo a favor de la Hacienda pública, y existiesen indicios de que dichas inscripciones o anotaciones pudiesen ser consecuencia de actuaciones realizadas en perjuicio de los derechos de la Hacienda pública, se trasladará copia de la documentación al órgano con funciones de asesoramiento jurídico correspondiente, al efecto de determinar la procedencia, en su caso, de ejercer acciones legales en defensa del crédito público.

Artículo 65. Hipoteca legal tácita.

◀ *LGT 78* ▶

1. A efectos de lo dispuesto en el artículo 78 de la Ley 58/2003, de 17 de diciembre, General Tributaria, se entiende que se exige el pago cuando se inicia el procedimiento de recaudación en periodo voluntario de los débitos correspondientes al ejercicio en que se haya inscrito en el registro el derecho o efectuado la transmisión de los bienes o derechos de que se trate.

2. Tanto el acreedor hipotecario como el tercero adquirente tienen derecho a exigir la segregación de cuotas de los bienes que les interesen, cuando se hallen englobadas en un solo recibo con otras del mismo obligado al pago.

3. En orden a la ejecución de la hipoteca legal tácita se aplicará el artículo 74.4.

Artículo 66. Otras hipotecas y derechos reales en garantía de los créditos de la Hacienda pública.

1. Para tener igual preferencia que la indicada en el artículo anterior, por débitos anteriores a los expresados en él o por mayor cantidad de la que de este resulta, podrá constituirse voluntariamente por el deudor o ser exigida por la Hacienda pública la constitución de hipoteca especial. Esta hipoteca surtirá efecto desde la fecha en que quede inscrita, de conformidad con lo establecido en el artículo 145 de la Ley Hipotecaria.

2. En relación con otras deudas se podrá constituir voluntariamente, como garantía en favor de la Hacienda pública, en los casos de aplazamiento y fraccionamiento o en los demás supuestos previstos en la normativa que resulte de aplicación, hipoteca inmobiliaria, hipoteca mobiliaria, prenda sin desplazamiento de la posesión o cualquier otro derecho real de garantía.

3. Si la garantía se hubiese constituido unilateralmente, su aceptación se hará por el órgano competente mediante documento administrativo, cuyo contenido se hará constar en el registro correspondiente.

Con carácter previo se podrá solicitar informe al órgano con funciones de asesoramiento jurídico sobre la suficiencia de la garantía.

La Hacienda pública, en su caso, autorizará la cancelación de la garantía en la misma forma establecida para la aceptación.

4. La ejecución de estas garantías se efectuará conforme a lo establecido en el artículo 74.

Artículo 67. Afección y retención de bienes.

1. Para el ejercicio del derecho de afección se requerirá la declaración de responsabilidad subsidiaria en los términos establecidos en los artículos 174 y 176 de la Ley 58/2003, de 17 de diciembre, General Tributaria.

◀ *LGT 79* ▶

La nota marginal de afección será solicitada expresamente y de oficio por el órgano competente, a menos que la liquidación se consigne en el documento que haya de acceder al registro; en tal caso, la nota de afección se extenderá directamente por este último sin necesidad de solicitud al efecto.

2. El derecho de retención se ejercerá por los órganos a los que se hayan presentado o entregado las mercancías.

◀ *LGT 80* ▶

TÍTULO III

Recaudación en periodo voluntario y en periodo ejecutivo

◀ *LGT 160-173* ▶

CAPÍTULO I

Disposiciones generales

Artículo 68. Iniciación y terminación de la recaudación en periodo voluntario.

1. La recaudación en periodo voluntario se iniciará a partir de:

a) La fecha de notificación de la liquidación al obligado al pago.

b) La apertura del respectivo plazo recaudatorio cuando se trate de las deudas que sean objeto de notificación colectiva y periódica.

c) La fecha de comienzo del plazo señalado para su presentación, tratándose de autoliquidaciones.

2. La recaudación en periodo voluntario concluirá el día del vencimiento de los correspondientes plazos de ingreso. En el caso de deudas a ingresar mediante autoliquidación presentada fuera de plazo sin realizar el ingreso o sin presentar solicitud de aplazamiento, fraccionamiento o compensación, concluirá el mismo día de la presentación de la autoliquidación.

3. Los obligados al pago podrán satisfacer total o parcialmente las deudas en periodo voluntario. Por la cantidad no pagada se iniciará el periodo ejecutivo en los términos previstos en el artículo 69.

Artículo 69. Recaudación en periodo ejecutivo.

1. La recaudación en periodo ejecutivo se inicia de acuerdo con lo dispuesto en el artículo 161.1 de la Ley 58/2003, de 17 de diciembre, General Tributaria, en relación con los importes no satisfechos en periodo voluntario.

2. Iniciado el periodo ejecutivo, la recaudación se efectuará por el procedimiento de apremio, que se iniciará, a su vez, mediante la notificación de la providencia de apremio a la que se refiere el artículo 70.

3. El obligado al pago podrá satisfacer total o parcialmente las deudas en periodo ejecutivo. Si el pago no comprende la totalidad de la deuda, incluido el recargo que corresponda y, en su caso, las costas devengadas, continuará el procedimiento por el resto impagado.

CAPÍTULO II

Procedimiento de apremio

◀ *LGT 163-173* ▶

Sección 1.ª Inicio del procedimiento de apremio

Artículo 70. Providencia de apremio.

1. La providencia de apremio es el acto de la Administración que ordena la ejecución contra el patrimonio del obligado al pago.

2. La providencia de apremio deberá contener:

a) Nombre y apellidos o razón social o denominación completa, número de identificación fiscal y domicilio del obligado al pago.

b) Concepto, importe de la deuda y periodo al que corresponde.

c) Indicación expresa de que la deuda no ha sido satisfecha, de haber finalizado el correspondiente plazo de ingreso en periodo voluntario y del comienzo del devengo de los intereses de demora.

d) Liquidación del recargo del periodo ejecutivo.

e) Requerimiento expreso para que efectúe el pago de la deuda, incluido el recargo de apremio reducido, en el plazo al que se refiere el artículo 62.5 de la Ley 58/2003, de 17 de diciembre, General Tributaria.

f) Advertencia de que, en caso de no efectuar el ingreso del importe total de la deuda pendiente en dicho plazo, incluido el recargo de apremio reducido del 10 por ciento, se procederá al embargo de sus bienes o a la ejecución de las garantías existentes para el cobro de la deuda con inclusión del recargo de apremio del 20 por ciento y de los intereses de demora que se devenguen hasta la fecha de cancelación de la deuda.

g) Fecha de emisión de la providencia de apremio.

3. Son órganos competentes para dictar la providencia de apremio los que establezca la norma de organización específica.

En caso de que se asuma mediante convenio la recaudación ejecutiva de deudas de otras Administraciones públicas, la providencia de apremio será dictada por el órgano competente de dichas Administraciones.

4. En el caso de deudas a favor de la Hacienda pública estatal, que deban satisfacer las comunidades autónomas, entidades locales, organismos autónomos y otras entidades de derecho público, y sin perjuicio de la posibilidad de proceder al embargo de sus bienes, en los supuestos no excluidos por disposición legal, podrá acudirse,

asimismo, a los procedimientos de compensación de oficio y deducción sobre transferencias.

Artículo 71. Notificación de la providencia de apremio.

En la notificación de la providencia de apremio se harán constar al menos los siguientes extremos:

a) Lugar de ingreso de la deuda y del recargo.

b) Repercusión de costas del procedimiento.

c) Posibilidad de solicitar aplazamiento o fraccionamiento de pago.

d) Indicación expresa de que la suspensión del procedimiento se producirá en los casos y condiciones previstos en la normativa vigente.

e) Recursos que procedan contra la providencia de apremio, órganos ante los que puedan interponerse y plazo para su interposición.

Sección 2.ª Desarrollo del procedimiento de apremio

Subsección 1.ª Disposiciones generales

Artículo 72. Interés de demora del periodo ejecutivo.

1. Las cantidades adeudadas devengarán interés de demora desde el inicio del periodo ejecutivo hasta la fecha de su ingreso.

Cuando sin mediar suspensión, aplazamiento o fraccionamiento una deuda se satisfaga totalmente antes de que concluya el plazo establecido en el artículo 62.5 de la Ley 58/2003, de 17 de diciembre, General Tributaria, para el pago de las deudas apremiadas, no se exigirán los intereses de demora devengados desde el inicio del periodo ejecutivo.

◀ *LGT 28.5* ▶

2. La base sobre la que se aplicará el tipo de interés no incluirá el recargo de apremio.

3. El tipo de interés se aplicará de acuerdo con lo establecido en la normativa tributaria o presupuestaria, según se trate de deudas y sanciones tributarias o de deudas no tributarias respectivamente.

4. El cálculo de intereses se realizará, según los casos, de la siguiente forma:

a) Cuando se produzca el pago de la deuda apremiada una vez finalizado el plazo establecido en el artículo 62.5 de la Ley 58/2003, de 17 de diciembre, General Tributaria, la liquidación de los intereses devengados se practicará posteriormente, siguiéndose para su tramitación y recaudación el procedimiento establecido con carácter general para las liquidaciones practicadas por la Administración.

b) En el supuesto al que se refiere el párrafo a), el órgano de recaudación competente podrá, cuando las necesidades del servicio lo aconsejen, liquidar y exigir los intereses en el momento del pago de la deuda apremiada.

c) En caso de ejecución de bienes embargados o de garantías, se practicará la liquidación de intereses de demora al aplicar el líquido obtenido a la cancelación de la deuda, si aquel fuese superior.

d) Si se embarga dinero en efectivo o en cuentas o créditos, podrán liquidarse y retenerse los intereses de demora en el momento del embargo si el importe disponible fuese superior a la deuda cuyo cobro se persigue.

En los casos de los párrafos b), c) y d) no será necesaria la notificación expresa de la liquidación de los intereses de demora devengados si en la notificación de la deuda principal o en cualquier otro momento posterior le ha sido notificado al interesado el importe de la deuda, el devengo de intereses en caso de falta de pago, una referencia al tipo de interés aplicable, según se trate de deudas y sanciones tributarias o de deudas no tributarias, y la forma de cómputo del tiempo de devengo.

5. En el ámbito de competencias del Estado no se practicará liquidación por intereses de demora cuando la cantidad resultante por este concepto sea inferior a la cifra que por orden fije el Ministro de Economía y Hacienda como mínima para cubrir el coste de su exacción y recaudación.

Artículo 72 bis. Cálculo de los intereses de demora en el ámbito de la asistencia mutua.

Las cantidades adeudadas de titularidad de otros Estados o de otras entidades internacionales y supranacionales, cuya actuación recaudatoria se realice en el marco de la asistencia mutua, devengarán interés de demora de acuerdo con el artículo 26.2.e) de la Ley 58/2003, de 17 de diciembre, General Tributaria.

El cálculo de intereses se realizará, según los casos, de la siguiente forma:

a) Cuando se produzca el pago de la deuda una vez finalizado el plazo establecido en el artículo 62.6 de la Ley 58/2003, de 17 de diciembre, General Tributaria, la liquidación de los intereses devengados se practicará posteriormente, siguiéndose para su tramitación y recaudación el procedimiento establecido con carácter general para las liquidaciones practicadas por la Administración.

b) En el supuesto al que se refiere el párrafo a), el órgano de recaudación competente podrá, cuando las necesidades del servicio lo aconsejen, liquidar y exigir los intereses en el momento del pago de la deuda.

c) En caso de ejecución de bienes embargados o de garantías, se practicará la liquidación de intereses de demora al aplicar el líquido obtenido a la cancelación de la deuda, si aquel fuese superior.

d) Si se embarga dinero en efectivo o en cuentas o créditos, podrán liquidarse y retenerse los intereses de demora en el momento del embargo si el importe disponible fuese superior a la deuda cuyo cobro se persigue.

Artículo 73. Suspensión del procedimiento de apremio.

1. La suspensión del procedimiento de apremio como consecuencia de la interposición de un recurso o reclamación económico-administrativa se tramitará y resolverá de acuerdo con las normas de desarrollo de la Ley 58/2003, de 17 de diciembre, General Tributaria, en materia de revisión en vía administrativa.

2. Cuando el interesado demuestre la existencia de error material, aritmético o de hecho en la determinación de la deuda, que esta ha sido ingresada, condonada, compensada, aplazada o suspendida o que ha prescrito el derecho a exigir su pago, se le notificará la suspensión de las actuaciones del procedimiento de apremio en tanto se dicte el acuerdo correspondiente.

Cuando la apreciación de las citadas circunstancias no sea competencia del órgano de recaudación que haya recibido la solicitud de suspensión, este podrá suspender las actuaciones y dará traslado al órgano competente. Este último informará al órgano de recaudación que estuviera tramitando el procedimiento de apremio sobre la concurrencia de alguna de las circunstancias señaladas.

La resolución que se adopte se notificará al interesado comunicándole, en su caso, la continuación del procedimiento de apremio.

3. La suspensión del procedimiento de recaudación seguido en el ámbito de la asistencia mutua se regirá por lo dispuesto en los apartados anteriores y en el artículo 177 terdecies de la Ley 58/2003, de 17 de diciembre, General Tributaria.

Subsección 2.ª Ejecución de garantías

Artículo 74. Ejecución de garantías.

◄ *LGT 168* ►

1. Una vez iniciado el procedimiento de apremio, si la deuda estuviese garantizada y resultase impagada en el plazo al que se refiere el artículo 62.5 de la Ley 58/2003, de 17 de diciembre, General Tributaria, se procederá a ejecutar la garantía, salvo que sea de aplicación lo dispuesto en su artículo 168, segundo párrafo; en tal caso, con anterioridad a la ejecución de la garantía se podrá optar por el embargo y enajenación de otros bienes y derechos.

2. Si la garantía consiste en aval, fianza, certificado de seguro de caución u otra garantía personal, se requerirá al garante el ingreso de la deuda, incluidos los recargos e intereses que, en su caso, correspondan hasta el límite del importe garantizado, en el plazo establecido en el artículo 62.5 de la Ley 58/2003, de 17 de diciembre, General Tributaria. De no realizarlo, se procederá contra sus bienes en virtud de la providencia de apremio dictada en relación con el obligado al pago sin necesidad de nueva notificación.

3. Si la garantía consiste en hipoteca, prenda u otra de carácter real constituida por o sobre bienes o derechos del obligado al pago susceptibles de enajenación forzosa, se procederá a enajenarlos por el procedimiento establecido en este reglamento para la enajenación de bienes embargados de naturaleza igual o similar.

4. Si la garantía está constituida por o sobre bienes o derechos de persona o entidad distinta del obligado al pago, se comunicará a dicha persona o entidad el impago del importe garantizado, requiriéndole para que, en el plazo establecido en el artículo 62.5 de la Ley 58/2003, de 17 de diciembre, General Tributaria, ponga dichos bienes o derechos a disposición del órgano de recaudación competente, salvo que pague la cuantía debida. Transcurrido dicho plazo sin que se haya producido el pago o la entrega de los bienes o derechos, se procederá a enajenarlos de acuerdo con lo dispuesto en el apartado anterior.

5. Si la garantía consiste en depósito en efectivo, se requerirá al depositario el ingreso de la deuda, incluidos los recargos e intereses que, en su caso, correspondan hasta el límite del depósito constituido, en el plazo establecido en el artículo 62.5 de la Ley 58/2003, de 17 de diciembre, General Tributaria, advirtiéndole que en caso de incumplimiento se procederá al embargo de sus bienes y derechos sin más trámite en virtud de la misma providencia de apremio dictada en relación con el obligado al pago sin necesidad de nueva notificación de aquella. Si el depositario es la propia Administración, se aplicará el depósito a cancelar dichas cantidades.

6. La ejecución de las hipotecas y otros derechos reales constituidos en garantía de los créditos de la Hacienda pública se realizará por los órganos de recaudación competentes a través del procedimiento de apremio.

Cuando se inicie la ejecución administrativa, el órgano de recaudación competente comunicará la orden de ejecución al Registrador de la Propiedad mediante mandamiento por duplicado para que libre y remita la correspondiente certificación de dominio y cargas, con el contenido y efectos establecidos en el artículo 688 de la Ley 1/2000, de 7 de enero, de Enjuiciamiento Civil.

El órgano de recaudación competente notificará el inicio del procedimiento de ejecución a la persona a cuyo favor resulte practicada la última inscripción de dominio si no ha sido requerida para el pago y a los titulares de cargas o derechos reales constituidos con posterioridad a la hipoteca que aparezcan en la certificación.

En su caso, el tipo para la subasta o concurso podrá fijarse de acuerdo con las reglas del artículo 97 y con independencia del valor en que se haya tasado el bien al tiempo de constituir la hipoteca.

7. Se podrá continuar el procedimiento de apremio cuando la garantía haya devenido manifiestamente insuficiente, jurídica o económicamente, desde la fecha de su constitución, sin necesidad de esperar a su ejecución, mediante acuerdo motivado que deberá constar en el expediente.

Subsección 3.ª Normas sobre embargos

Artículo 75. Diligencias de embargo.

◀ *LGT 170* ▶

1. Transcurrido el plazo señalado en el artículo 62.5 de la Ley 58/2003, de 17 de diciembre, General Tributaria, sin haberse realizado el ingreso requerido, se procederá, en cumplimiento del mandato contenido en la providencia de apremio, al embargo de los bienes y derechos que procedan, siempre que no se hubiese pagado la deuda por la ejecución de garantías o fuese previsible de forma motivada que de dicha ejecución no resultará líquido suficiente para cubrir la deuda.

2. Cada actuación de embargo se documentará en diligencia de embargo.

3. Las deudas de un mismo obligado al pago podrán acumularse en una diligencia de embargo.

Cuando las necesidades del procedimiento lo exijan, se procederá a la segregación de las deudas acumuladas.

Artículo 76. Práctica de los embargos.

1. Si los bienes embargables se encuentran en locales de personas o entidades distintas del obligado, se ordenará, mediante personación

en dichos locales, al depositario o al personal dependiente de este último la entrega de los bienes, que se detallarán en la correspondiente diligencia.

En caso de negativa a la entrega inmediata o cuando esta no sea posible, se podrá proceder al precintado o a la adopción de medidas necesarias para impedir la sustitución o levantamiento, haciéndose constar en diligencia.

Cuando sea necesario el acceso a los bienes embargados a efectos de su identificación o ejecución, podrá requerirse el auxilio de la autoridad.

Lo dispuesto en este apartado se efectuará teniendo en cuenta lo previsto en los artículos 142 y 146 de la Ley 58/2003, de 17 de diciembre, General Tributaria, en relación con la entrada en fincas y locales y las medidas de aseguramiento que es posible adoptar.

2. Cuando en la fase de traba o en la de ejecución se presuma que el resultado de la enajenación de los bienes embargados pueda ser insuficiente para cubrir la deuda, se procederá al embargo de otros bienes y derechos.

Cuando por la información sucesivamente obtenida se embarguen bienes que en el orden de embargo sean anteriores a otros ya embargados pero no realizados, se realizarán aquellos con anterioridad.

3. Una vez realizado el embargo de los bienes y derechos, la diligencia se notificará al obligado al pago y, en su caso, al tercero titular, poseedor o depositario de los bienes si no se hubiesen realizado con ellos las actuaciones, así como al cónyuge del obligado al pago cuando los bienes embargados sean gananciales o se trate de la vivienda habitual, y a los condueños o cotitulares.

◀ *LGT 170.1.2° párrafo* ▶

En el supuesto de bienes y derechos inscritos en un registro público el embargo también deberá notificarse a los titulares de cargas posteriores a la anotación de embargo y anteriores a la nota marginal de expedición de la certificación de cargas a que se refiere el artículo 74.

El embargo, en caso de cuotas de participación de bienes que se posean pro indiviso, se limitará a la cuota de participación del obligado al pago y se notificará a los condóminos.

4. Si una vez realizado el embargo se comprobase que concurren las circunstancias del artículo 169.5 de la Ley 58/2003, de 17 de diciembre, General Tributaria, se procederá a su levantamiento.

5. El embargo deberá ejecutarse en sus estrictos términos, sin perjuicio de que el obligado al pago pueda interponer recurso o

reclamación económico-administrativa si considera que se incurre en alguna de las causas del artículo 170.3 de la Ley 58/2003, de 17 de diciembre, General Tributaria.

6. La inexistencia de bienes embargables conocidos por la Administración cuya ejecución permita el cobro de la deuda se hará constar en el expediente.

Artículo 77. Concurrencia de embargos.

1. Cuando concurra con otros procesos o procedimientos singulares de ejecución, el procedimiento de apremio será preferente si el embargo efectuado en el curso de este último es el más antiguo. A estos efectos, se estará a la fecha de la diligencia de embargo del bien o derecho.

2. Cuando sobre los bienes embargados por la Hacienda pública o sobre los que se hubieran constituido garantías a favor de esta existan derechos inscritos o anotados con anterioridad a favor de otros acreedores, podrá aquella subrogarse en dichos derechos mediante el abono a los acreedores del importe de sus créditos cuando estos sean sustancialmente inferiores al producto que previsiblemente pueda obtener la Hacienda pública de la enajenación de los bienes. Para ejercer esta subrogación, el órgano de recaudación que tramite el procedimiento de apremio formulará la correspondiente propuesta, que deberá ser autorizada por el órgano competente.

Las cantidades abonadas por ese concepto tendrán el carácter de costas del procedimiento, a cuyo pago se aplicarán con carácter preferente las cantidades que la Hacienda pública obtenga de la enajenación forzosa del bien embargado.

3. Cuando los bienes embargados sean objeto de un procedimiento de expropiación forzosa, se paralizarán las actuaciones de ejecución de los bienes afectados y se deberá comunicar a la Administración expropiante el embargo de los pagos a realizar al expropiado. A efectos de continuar o no el procedimiento ejecutivo respecto de otros bienes del obligado al pago, se considerará realizado el embargo por el precio firme del bien expropiado. Cuando el precio no sea firme, se considerará realizado el embargo por la parte en que exista acuerdo y, de no haberlo, por el precio ofrecido por la Administración expropiante.

Artículo 78. Embargo de dinero en efectivo.

1. Cuando se embargue dinero en efectivo, el órgano de recaudación competente lo hará constar en diligencia, de la que emitirá un duplicado. Uno de los ejemplares se unirá al expediente y

el otro quedará en poder del obligado al pago. El dinero será inmediatamente ingresado en el Tesoro.

2. Si se trata de la recaudación de cajas, taquillas o similares de empresas o entidades en funcionamiento, el órgano de recaudación competente podrá acordar los pagos que deban realizarse con cargo a dicha recaudación, en la cuantía necesaria para evitar la paralización de aquellas.

Artículo 79. Embargo de dinero en cuentas abiertas en entidades de crédito.

1. Cuando la Administración conozca la existencia de, al menos, una cuenta o depósito abierto en una oficina de una entidad de crédito, el embargo se llevará a cabo mediante diligencia de embargo en la que deberá identificarse la cuenta o el depósito conocido por la Administración actuante.

El embargo podrá extenderse, sin necesidad de identificación previa, al resto de los bienes y derechos de que sea titular el obligado al pago existentes en dicha oficina, sean o no conocidos por la Administración, hasta alcanzar el importe de la deuda pendiente, más el recargo del periodo ejecutivo, intereses y, en su caso, las costas producidas.

2. La forma, medio, lugar y demás circunstancias relativas a la presentación de la diligencia de embargo en la entidad depositaria, así como el plazo máximo en que habrá de efectuarse la retención de los fondos, podrán ser convenidos, con carácter general, entre la Administración actuante y la entidad de crédito afectada.

3. En defecto del acuerdo a que se refiere el apartado anterior, la diligencia de embargo se presentará en la oficina donde esté abierta la cuenta y sus responsables deberán proceder de forma inmediata a retener el importe embargado si existe en ese momento saldo suficiente, o en otro caso, el total de los saldos existentes a nombre del obligado al pago.

Asimismo, la diligencia de embargo se podrá presentar en alguno de los siguientes lugares:

a) En la oficina designada por la entidad depositaria para relacionarse con el órgano de recaudación competente, conforme a lo previsto en el artículo 17.4, cuando la entidad haya sido autorizada a colaborar en la recaudación y el embargo afecte a cuentas o depósitos abiertos en una oficina perteneciente al ámbito territorial del órgano de recaudación competente.

b) En el domicilio fiscal o social de la entidad de crédito.

En los supuestos a los que se refieren los párrafos a) y b), cuando el embargo deba trabarse sobre fondos cuya gestión o depósito no se encuentren localizados en el lugar en que se presente la diligencia de embargo, la retención de los fondos se efectuará de manera inmediata o, si ello no fuera posible, en el plazo más breve que permitan las características de los sistemas de información interna o de contabilidad de la entidad. Dicho plazo no podrá ser superior a cinco días, tendrá carácter improrrogable y se comunicará al órgano de recaudación que haya efectuado el embargo. En todo caso, el embargo surtirá efectos legales desde el día de presentación de la diligencia de embargo a la entidad depositaria.

4. Si el depósito está constituido en cuentas a plazo, el embargo se efectuará igualmente de forma inmediata, sin perjuicio de lo establecido en el segundo párrafo del apartado 6.

5. A los efectos previstos en este artículo la entidad depositaria deberá ejecutar el embargo en sus estrictos términos sin perjuicio de lo dispuesto en el artículo 76.5.

6. El importe de las cantidades retenidas será ingresado en el Tesoro, una vez transcurridos 20 días naturales desde el día siguiente a la fecha de la traba sin haber recibido la oficina o entidad correspondiente comunicación en contrario del órgano de recaudación.

Si se trata de cuentas a plazo, el ingreso deberá realizarse en la fecha indicada en el párrafo anterior o al día siguiente del fin del plazo, según qué fecha sea posterior. No obstante, si el depositante tiene la facultad de disponer anticipadamente del dinero depositado, al notificar la diligencia de embargo se advertirá al obligado al pago la posibilidad que tiene de hacer uso de tal facultad frente a la entidad depositaria, según las condiciones que se hubieran establecido; en este caso, el ingreso en el Tesoro se producirá al día siguiente de la cancelación.

Artículo 80. Embargo de valores.

1. Cuando la Administración conozca la existencia de valores de titularidad del obligado al pago, el embargo se llevará a cabo mediante diligencia de embargo que identificará los valores conocidos por la Administración actuante y comprenderá un número de valores que, a juicio del órgano de recaudación, cubra el importe total a que se refiere el artículo 169.1 de la Ley 58/2003, de 17 de diciembre, General Tributaria.

2. Si el embargo se refiere a valores representados mediante títulos o mediante anotaciones en cuenta que se hallen depositados, entregados o confiados a una oficina de una entidad de crédito, sociedad o agencia de valores, o cualesquiera otras entidades depositarias, el embargo se llevará a cabo mediante la presentación de

la diligencia de embargo a la entidad y podrá extenderse, sin necesidad de identificación previa, a los demás bienes y derechos del obligado al pago existentes en dicha oficina, sean o no conocidos por la Administración.

En el acto de presentación, la receptora de la diligencia deberá confirmar al órgano de recaudación competente la concordancia o no de los valores conocidos por la Administración con los realmente depositados o anotados.

En caso de discordancia o de insuficiencia de los valores conocidos por la Administración e identificados en la diligencia para cubrir el importe total adeudado, la entidad entregará en el acto, o de no ser posible, en el plazo máximo e improrrogable de cinco días, relación de los valores con los datos que permitan su valoración. El órgano de recaudación competente indicará a la entidad los valores que deben quedar definitivamente embargados y aquellos que deben quedar liberados, pudiendo convenirse a estos efectos y con carácter previo la forma de actuación de la entidad. En todo caso, los valores embargados se considerarán trabados el día de la presentación de la diligencia de embargo a la entidad.

No obstante, la forma, medio y lugar de presentación de la diligencia podrán ser convenidos, con carácter general, entre la Administración actuante y la entidad de crédito, sociedad o agencia de valores o cualquier otra depositaria.

3. Si el embargo se refiere a valores representados mediante títulos que no estén depositados en las entidades citadas en el apartado 2, la diligencia de embargo se notificará al titular, debiendo este comunicar cualquier circunstancia relativa a los títulos que pudieran afectar al embargo. El órgano de recaudación actuante se hará cargo de los títulos junto con la póliza de compra o título de adquisición, si lo hubiese recibido.

4. El órgano de recaudación competente ordenará la enajenación de aquellos valores que resulten suficientes para cubrir el importe total al que se refiere el artículo 169.1 de la Ley 58/2003, de 17 de diciembre, General Tributaria, lo que se realizará en las mejores condiciones posibles según las prácticas usuales de buena gestión. Si los valores están admitidos a cotización en un mercado secundario oficial, la venta se llevará a cabo a través de este. En otro caso, se acordará su venta mediante subasta, salvo que proceda la adjudicación directa.

Si la orden de venta es tramitada por la entidad de crédito o sociedad o agencia de valores, esta podrá deducir del importe obtenido los gastos y comisiones que procedan.

El importe obtenido deberá ingresarse en el Tesoro hasta el

límite de lo debido. El sobrante, si existe, deberá ponerse a disposición de su propietario. El órgano de recaudación competente notificará a la entidad la orden de levantamiento del embargo sobre el resto de los valores trabados cuya enajenación no hubiera resultado necesaria.

5. Cuando resulte más adecuado para la satisfacción de la deuda, el órgano de recaudación competente podrá acordar, en lugar de la enajenación de los valores, el embargo de los rendimientos de toda clase y, en su caso, reintegros, derivados de aquellos.

6. Tratándose de participaciones en el capital de sociedades de responsabilidad limitada, la diligencia de embargo se notificará al órgano de administración de la sociedad para su inscripción en el libro registro de socios.

El procedimiento de adjudicación de las participaciones se llevará a cabo de acuerdo con su normativa específica.

Artículo 81. Embargo de otros créditos, efectos y derechos realizables en el acto o a corto plazo.

Cuando se trate de créditos, efectos y derechos realizables en el acto o a corto plazo no regulados en el artículo anterior, se procederá como sigue:

a) Si se trata de créditos, efectos y derechos sin garantía, se notificará la diligencia de embargo a la persona o entidad deudora del obligado al pago, apercibiéndole de que, a partir de ese momento, no tendrá carácter liberatorio el pago efectuado al obligado. Cuando el crédito o derecho embargado haya vencido, la persona o entidad deudora del obligado al pago deberá ingresar en el Tesoro el importe hasta cubrir la deuda. En otro caso, el crédito quedará afectado a dicha deuda hasta su vencimiento, si antes no resulta solventada. Si el crédito o derecho conlleva la realización de pagos sucesivos, se ordenará al pagador ingresar en el Tesoro los respectivos importes hasta el límite de la cantidad adeudada, salvo que reciba notificación en contrario por parte del órgano de recaudación.

b) Si se trata de créditos garantizados, también deberá notificarse la diligencia de embargo al garante o, en su caso, al poseedor del bien o derecho ofrecido en garantía, que podrá depositarse hasta el vencimiento del crédito. Vencido el crédito, si no se paga la deuda se promoverá la ejecución de la garantía, que se realizará siguiendo el procedimiento establecido en el artículo 74.

Artículo 82. Embargo de sueldos, salarios y pensiones.

1. El embargo de sueldos, salarios y pensiones se efectuará teniendo en cuenta lo establecido en la Ley 1/2000, de 7 de enero, de

Enjuiciamiento Civil.

La diligencia de embargo se presentará al pagador. Este quedará obligado a retener las cantidades procedentes en cada caso sobre las sucesivas cuantías satisfechas como sueldo, salario o pensión y a ingresar en el Tesoro el importe detraído hasta el límite de la cantidad adeudada.

2. Si el obligado al pago es beneficiario de más de una de dichas percepciones, se acumularán para deducir sobre la suma de todas ellas la parte inembargable. La cantidad embargada podrá detraerse de la percepción o percepciones que fije el órgano de recaudación competente. Si el obligado al pago propone expresamente otra, le será aceptada, si ello no supone obstáculo para el cobro.

3. Cuando el embargo comprenda percepciones futuras, aún no devengadas, y existan otros bienes embargables, una vez cobradas las vencidas podrán embargarse dichos bienes, sin esperar a los posibles devengos o vencimientos sucesivos.

Una vez cubierto el débito, el órgano de recaudación competente notificará al pagador la finalización de las retenciones.

Artículo 83. Embargos de bienes inmuebles y de derechos sobre estos.

1. El embargo de bienes inmuebles y derechos sobre estos se efectuará mediante diligencia, que especificará las circunstancias siguientes:

a) Nombre y apellidos o razón social o denominación completa del titular y, en su caso, del poseedor de la finca embargada, número de identificación fiscal de ambos y cuantos datos puedan contribuir a su identificación.

b) Si se trata de fincas rústicas: naturaleza y nombre de dicha finca, término municipal donde radique y situación según se nombre en la localidad, linderos, superficie y cabida, e identificación registral y catastral, si constan.

c) Si se trata de fincas urbanas: localidad, calle y número, locales y pisos de que se componen, superficie, e identificación registral y catastral, si constan.

d) Derechos del obligado al pago sobre los inmuebles embargados.

e) Importe total del débito, concepto o conceptos a que corresponda e importe de la responsabilidad a que se afecta el inmueble por principal, recargos, intereses y costas, con la advertencia de que podrá extenderse a los intereses que puedan devengarse hasta que concluya la ejecución y a las costas de esta.

f) Advertencia de que se tomará anotación preventiva del embargo en el Registro de la Propiedad a favor del Estado o, en su caso, de la entidad u organismo titular del crédito que motiva la ejecución.

g) De constar fehacientemente, estado civil y régimen económico del matrimonio.

2. En el momento de notificarse la diligencia de embargo según lo dispuesto en el artículo 76 se requerirán los títulos de propiedad a los titulares de los bienes o derechos.

3. Si debiera practicarse deslinde, el órgano de recaudación competente podrá optar por el nombramiento de un funcionario técnico adscrito a dicho órgano o por la contratación de los servicios de empresas especializadas. En ambos casos, el deslinde se realizará en el plazo de 15 días.

Artículo 84. Anotación preventiva en el Registro de la Propiedad de los embargos de bienes inmuebles y de derechos sobre estos.

1. La Administración solicitará que se practique anotación preventiva del embargo de bienes inmuebles y derechos sobre estos en el Registro de la Propiedad que corresponda.

2. A tal efecto, el órgano de recaudación competente expedirá mandamiento dirigido al registrador con sujeción a lo dispuesto en la legislación hipotecaria y a lo que se establece en los artículos siguientes, en el que se solicitará, además, que se libre certificación de las cargas que figuren en el registro sobre cada finca, con expresión detallada de aquellas y de sus titulares, con inclusión en la certificación del propietario de la finca en ese momento y de su domicilio.

A la vista de tal certificación, se comprobará que se han efectuado todas las notificaciones exigidas por la normativa. En su defecto, se procederá a practicarlas.

3. Si la liquidación apremiada se refiere a tributos sin cuyo previo pago no pudiese inscribirse en el registro el acto o negocio jurídico que la originó, al llegar el procedimiento a la fase de embargo se procederá de la forma siguiente:

a) El órgano de recaudación que tramite el expediente propondrá el aplazamiento del pago de dicha liquidación al órgano competente para resolverlo a los solos efectos de la inscripción de los bienes y de la anotación preventiva de su embargo a favor de la Hacienda pública. El acuerdo de aplazamiento se hará constar en los documentos que hubiesen determinado la liquidación del tributo y por virtud de los cuales deba practicarse la inscripción en el registro.

b) Dichos documentos y el mandamiento de anotación

preventiva de embargo serán presentados al registrador de la propiedad, el cual, una vez practicada la inscripción del derecho del obligado al pago con la mención de que el pago de la liquidación queda aplazado, procederá de forma inmediata a anotar el embargo.

c) Si la liquidación del tributo se practicó sobre documentos que no pudieran ser objeto de inscripción por ser copias no auténticas de los originales o matrices, se solicitará de los notarios o funcionarios que hubieran autorizado aquellos documentos la expedición de copia auténtica en la cual se consignará el acuerdo de aplazamiento.

d) Cuando se produzca la enajenación de los bienes embargados, el precio obtenido se aplicará a pagar la liquidación y demás responsabilidades que procedan, incluidos los intereses de demora que puedan devengarse hasta que concluya la ejecución y a las costas de esta. El documento acreditativo de dicha aplicación será presentado en el registro y producirá la cancelación del embargo y de las notas de aplazamiento. En el documento público de venta se harán constar tales extremos.

Si se acuerda la adjudicación de bienes a la Hacienda pública o al ente público acreedor, el documento acreditativo de la adjudicación producirá los mismos efectos que los indicados en el apartado anterior.

Artículo 85. Requisitos de los mandamientos para la anotación preventiva de los embargos de bienes inmuebles y de derechos sobre estos.

Los mandamientos para la anotación preventiva de embargo contendrán:

a) Certificación de la providencia de apremio y de la diligencia de embargo del inmueble o inmuebles de que se trate, con indicación de las personas o entidades a las que se ha notificado el embargo y el concepto en el que se les ha practicado dicha notificación.

b) Descripción del derecho que tenga el obligado al pago sobre los bienes embargados.

c) Nombre y apellidos o razón social o denominación completa, en su caso, del poseedor de las fincas a las que se refiera la notificación.

d) El importe total del débito, concepto o conceptos a que corresponda, e importe de la responsabilidad a que se afecta el inmueble por principal, recargos, intereses y costas.

e) Que la anotación deberá hacerse a favor del acreedor.

f) Expresión de que la Administración no puede facilitar, en el momento de la expedición del mandamiento, más datos respecto de los bienes embargados que los contenidos en este.

Artículo 86. Presentación de los mandamientos en el Registro de la Propiedad.

1. Los mandamientos se presentarán por triplicado en los Registros de la Propiedad. Los registradores devolverán en el acto uno de los ejemplares con nota de referencia al asiento de presentación del mandamiento y otro, en su día, con la nota acreditativa de haber quedado extendida la anotación oportuna o de no haber podido practicarse, expresando detalladamente, en este caso, no sólo los defectos advertidos, sino también la forma y medio de subsanarlos. El tercer ejemplar del mandamiento quedará archivado en el registro.

2. Si la finca o fincas no constasen inscritas o no fuese posible extender la anotación por defecto subsanable, se tomará razón del embargo y se hará constar así en la contestación al mandamiento.

3. La presentación de los mandamientos al registro podrá efectuarse por fax o por medios telemáticos en la forma determinada por la normativa aplicable.

4. Cuando lo exijan las actuaciones del procedimiento de apremio, se presentará mandamiento en el que se solicite la prórroga de las anotaciones preventivas de embargo de acuerdo con lo dispuesto en la legislación hipotecaria.

Artículo 87. Incidencias en las anotaciones preventivas de embargo en el Registro de la Propiedad.

1. En el caso de que los registradores de la propiedad devuelvan el mandamiento en el que manifiesten haber suspendido la anotación por defecto subsanable, se procederá a subsanarlo en el acto, si es posible, o en un momento posterior, dentro del plazo establecido en la legislación registral.

2. Con el fin de evitar la caducidad de la anotación efectuada por defectos subsanables establecida en la legislación hipotecaria, el órgano de recaudación competente solicitará, si es necesario, la prórroga que en aquella se autoriza.

3. En caso de disconformidad con la decisión del registrador, se trasladarán las actuaciones al órgano con funciones de asesoramiento jurídico a efectos de la interposición, si procede, de recurso contra la calificación registral.

Artículo 88. Contestaciones de los registradores.

1. Los registradores de la propiedad practicarán los asientos que

procedan y expedirán las certificaciones que interesen al procedimiento ejecutivo dentro de los plazos establecidos en la legislación hipotecaria.

Al expediente de apremio quedarán unidas la contestación del registrador de la propiedad al mandamiento de anotación preventiva de embargo y la certificación relativa a las cargas y gravámenes que afecten a los inmuebles.

2. La Hacienda pública podrá ejercitar las acciones civiles que la ley autoriza para obtener la indemnización de daños y perjuicios a que pudiera dar lugar la dilación injustificada de los registradores en la práctica de los servicios que les encomienda este reglamento.

3. Las dilaciones reiteradas que entorpezcan el procedimiento de recaudación serán comunicadas al Departamento de Recaudación de la Agencia Estatal de Administración Tributaria para su traslado a la Dirección General de los Registros y del Notariado a los efectos que procedan.

Artículo 89. Embargo de intereses, rentas y frutos de toda especie.

1. Cuando se embarguen intereses, rentas y frutos del obligado al pago que se materialicen en pagos en dinero, la diligencia de embargo se notificará a la persona o entidad pagadora, que deberá retenerlos e ingresarlos en el Tesoro hasta cubrir la cantidad adeudada.

2. Cuando los frutos o rentas a embargar sean los correspondientes a los derechos de explotación de una obra protegida por el texto refundido de la Ley de Propiedad Intelectual, aprobado por el Real Decreto Legislativo 1/1996, de 12 de abril, aquellos se considerarán salarios según lo que establece dicha ley y el embargo se realizará de acuerdo con lo dispuesto en el artículo 82 de este reglamento.

3. Si lo embargado fuesen frutos o rentas obtenidos por empresas o actividades comerciales, industriales y agrícolas, se podrá nombrar un administrador o interventor de acuerdo con lo dispuesto en el artículo 170.5 de la Ley 58/2003, de 17 de diciembre, General Tributaria.

4. Si los frutos están asegurados, se notificará a la entidad aseguradora el embargo de las indemnizaciones o prestaciones que correspondan en caso de siniestro, las cuales deberán ingresarse en el Tesoro una vez ocurrido este.

Artículo 90. Embargo de establecimientos mercantiles e industriales.

1. El embargo de establecimientos mercantiles e industriales se

iniciará mediante personación en los establecimientos o en el domicilio de la persona o entidad a que pertenezcan.

2. Del resultado de la actuación de embargo, sea positivo o negativo, se extenderá la correspondiente diligencia en la que se harán constar inventariados todos los bienes y derechos existentes en cada establecimiento embargado, así como los que se embargan.

3. El embargo comprenderá, si los hubiera, los siguientes bienes y derechos:

a) Derecho de cesión del contrato de arrendamiento del local del negocio, si este fuese arrendado, y las instalaciones.

b) Derechos de propiedad intelectual e industrial.

c) Utillaje, máquinas, mobiliario, utensilios y demás instrumentos de producción y trabajo.

d) Mercaderías y materias primas.

e) Posibles indemnizaciones.

4. Si el inmueble estuviese arrendado, se notificará la diligencia de embargo al arrendador.

5. Se efectuará anotación preventiva del embargo en el Registro de Bienes Muebles, para lo que el órgano de recaudación competente expedirá el correspondiente mandamiento.

6. Según las circunstancias del caso, podrá acordarse la adopción de alguna de las medidas siguientes:

a) El precinto del local hasta la enajenación de lo embargado.

b) Cuando se aprecie que la continuidad de las personas que ejercen la dirección de la actividad pudiera perjudicar la solvencia del obligado al pago, el órgano de recaudación competente, previa audiencia del titular del negocio u órgano de administración de la entidad, podrá acordar el nombramiento de un funcionario que ejerza de administrador o que intervenga en la gestión del negocio, que fiscalizará previamente a su ejecución los actos que se concreten en el acuerdo administrativo, de acuerdo con lo dispuesto en el artículo 170.5 de la Ley 58/2003, de 17 de diciembre, General Tributaria.

7. La enajenación de los establecimientos mercantiles e industriales se llevará a cabo por el procedimiento establecido en la subsección 5.ª de esta sección.

Artículo 91. Embargo de metales preciosos, piedras finas, joyería, orfebrería, antigüedades y otros objetos de valor histórico o artístico.

1. El embargo de metales preciosos, piedras finas, joyería, orfebrería, antigüedades y otros objetos de valor histórico o artístico, se realizará por el órgano de recaudación competente, mediante su

detalle en diligencia y con la adopción de las precauciones necesarias para impedir su sustitución o levantamiento por medio de precintos o en la forma más conveniente.

Se procederá a su depósito de acuerdo con lo establecido en los artículos 94 a 96.

2. Cuando dichos bienes se encuentren en locales de personas o entidades distintas del obligado al pago, se estará a lo dispuesto en el artículo 76.1.

Artículo 92. Embargo de los restantes bienes muebles y semovientes.

1. El embargo de los restantes bienes muebles y semovientes se llevará a efecto mediante personación en el domicilio del obligado al pago o, en su caso, en el lugar donde se encuentren los bienes.

2. Del resultado de la actuación se extenderá la correspondiente diligencia en la que se habrán de identificar los bienes embargados. Si no se depositan los bienes de forma inmediata, se procederá al precintado u otras medidas de aseguramiento que procedan.

3. Siempre que el embargo afecte a bienes inscribibles en el Registro de Bienes Muebles, el órgano de recaudación competente expedirá mandamiento de anotación preventiva de embargo. Estos mandamientos se tramitarán de acuerdo con lo establecido en su normativa reguladora.

4. Cuando se trate de automóviles, camiones, motocicletas, embarcaciones, aeronaves u otros vehículos, se notificará el embargo al obligado al pago requiriéndole para que en un plazo de cinco días lo ponga a disposición de los órganos de recaudación competentes, con su documentación y llaves. Si no lo efectúa ni se localiza el bien, se dará orden a las autoridades que tengan a su cargo la vigilancia de la circulación y a las demás que proceda, para la captura, depósito y precinto de los bienes citados, y se continuarán en este caso las actuaciones de embargo en relación con otros bienes o derechos del obligado.

5. Cuando se trate del embargo de bienes adquiridos por el sistema de ventas a plazo, se tendrán en cuenta las disposiciones de su normativa reguladora.

Artículo 93. Embargo de créditos, efectos, valores y derechos realizables a largo plazo.

1. Para el embargo de créditos, derechos y valores realizables a largo plazo, se seguirá el procedimiento establecido en los artículos 80 y 81.

2. En los términos del artículo 8.8 y 10 del texto refundido de la Ley de planes y fondos de pensiones, aprobado por el Real Decreto Legislativo 1/2002, de 29 de noviembre, será embargable el derecho a las prestaciones del partícipe en un plan de pensiones, pero el embargo no se ejecutará hasta que se cause el derecho a la prestación o se haga efectivo el derecho por concurrir los supuestos de enfermedad grave o desempleo de larga duración previstos en dicha norma.

Las entidades gestoras y depositarias correspondientes tomarán nota del embargo, de lo que darán traslado al órgano de recaudación actuante en el plazo de 10 días. En caso de que existiera una traba previa, lo pondrán en conocimiento del órgano de recaudación en dicha comunicación en la que especificarán los extremos de dicha traba.

En caso de que se produzca la movilización de los derechos consolidados a otro plan, la entidad gestora deberá comunicarlo a la Administración tributaria, ante la que deberá acreditar, a los efectos previstos en el artículo 42.2 de la Ley 58/2003, de 17 de diciembre, General Tributaria, la comunicación del embargo a las entidades gestora y depositaria del plan de destino.

Subsección 4.ª Normas sobre depósito de los bienes embargados

Artículo 94. Depósito de bienes embargados.

1. Los órganos de recaudación competentes designarán, en su caso, el lugar en que los bienes embargados deban ser depositados hasta su realización, según los criterios que se fijan en este artículo sin perjuicio de lo establecido en el artículo 92.4.

2. Los bienes que al ser embargados se encuentren en entidades de crédito u otras que, a juicio de los órganos de recaudación competentes, ofrezcan garantías de seguridad y solvencia, seguirán depositados en aquellas a disposición de dichos órganos.

3. Los demás bienes se depositarán, según proceda, a juicio del órgano de recaudación competente:

a) En recintos o locales de la propia Administración cuando existan y reúnan condiciones adecuadas para el depósito de dichos bienes.

b) En recintos o locales de otros entes públicos dedicados al depósito o que reúnan condiciones para ello, incluidos museos, bibliotecas, depósitos de vehículos o similares.

c) En recintos o locales de empresas dedicadas habitualmente al depósito.

d) En defecto de los anteriores, en recintos o locales de personas o entidades, distintas del obligado al pago, que ofrezcan garantías de seguridad y solvencia.

e) En recintos o locales del obligado al pago cuando así se considere oportuno o cuando se trate de bienes de difícil transporte o movilidad; en este caso, se procederá a su precinto o a la adopción de medidas que garanticen su seguridad e integridad, quedando el obligado al pago sujeto a los deberes y responsabilidades del depositario citados en el artículo 96. En este caso, el depósito se considerará necesario sin que pueda oponerse el obligado al pago.

4. En los casos del apartado 3.c) y d), las relaciones entre la Administración y el depositario se regirán por la legislación de contratos de las Administraciones públicas en los aspectos no previstos en esta subsección.

Artículo 95. Funciones del depositario.

1. El depositario está obligado a custodiar y conservar los bienes embargados y a devolverlos cuando sea requerido para ello. En el desempeño de tal cometido deberá actuar con la diligencia debida.

Cuando las funciones del depositario impliquen actos que excedan de la mera custodia, conservación y devolución de los bienes embargados, tales actuaciones precisarán autorización del órgano de recaudación competente.

2. Cuando en los supuestos de embargo de establecimientos mercantiles e industriales y de intereses, frutos y rentas de toda especie se hubiera nombrado un depositario o administrador, sus funciones, además de las señaladas en el apartado 1, comprenderán las habituales de gestión de bienes y negocios, y deberá ingresar en el Tesoro las cantidades resultantes.

El nombramiento como depositario fijará la clase y la cuantía de las operaciones que requerirán autorización del órgano de recaudación.

Artículo 96. Derechos, deberes y responsabilidad del depositario de bienes embargados.

1. El depositario, salvo en los casos en que lo sea el propio obligado al pago, tiene derecho a la retribución convenida por la prestación de sus servicios y al reembolso de los gastos que haya soportado por razón del depósito, cuando no estén incluidos en dicha retribución.

2. Además de los deberes inherentes a sus funciones como depositario y, en su caso, como administrador, tiene el deber de rendir las cuentas que le sean ordenadas por los órganos de recaudación competentes y cumplir las medidas que sean acordadas

por estos para la mejor administración y conservación de los bienes.

3. El depositario que incumpla las obligaciones que le incumben como tal podrá ser declarado responsable solidario de la deuda en los términos establecidos en el artículo 42.2 de la Ley 58/2003, de 17 de diciembre, General Tributaria, sin perjuicio de la responsabilidad civil o penal que le corresponda.

Subsección 5.ª Enajenación de los bienes embargados

Artículo 97. Valoración y fijación del tipo.

1. Los órganos de recaudación competentes procederán a valorar los bienes embargados a precios de mercado y de acuerdo con los criterios habituales de valoración.

2. Cuando, a juicio de dichos órganos, se requieran especiales conocimientos, la valoración podrá efectuarse por otros servicios técnicos de la Administración o por servicios externos especializados.

Los órganos de recaudación competentes podrán mantener un fichero actualizado de expertos en valoración de los diferentes tipos de bienes susceptibles de embargo.

3. La valoración será notificada al obligado al pago, que, en caso de discrepancia, podrá presentar valoración contradictoria realizada por perito adecuado en el plazo de 15 días contados a partir del día siguiente al de la notificación.

Si la diferencia entre ambas, considerando la suma de los valores asignados por cada una a la totalidad de los bienes, no excede del 20 por ciento de la menor, se estimará como valor de los bienes el de la tasación más alta.

Si, por el contrario, la diferencia entre la suma de los valores asignados a los bienes por ambas partes excede del 20 por ciento, se convocará al obligado al pago para dirimir las diferencias de valoración y, si se logra acuerdo, se dejará constancia por escrito del valor acordado, que será el aplicable.

4. Cuando no exista acuerdo entre las partes, el órgano de recaudación competente solicitará nueva valoración por perito adecuado en plazo no superior a 15 días. A efectos de su designación, se estará a lo establecido en los párrafos primero y segundo del artículo 135.3 de la Ley 58/2003, de 17 de diciembre, General Tributaria.

Dicha valoración habrá de estar comprendida entre los límites de las efectuadas anteriormente y será la definitivamente aplicable.

5. En virtud de la información contenida en la documentación emitida por el registrador como consecuencia de la anotación

preventiva de embargo practicada, se investigará si las cargas anteriores inscritas subsisten o han sido modificadas por pagos posteriores a su inscripción u otras causas. Para ello, el órgano de recaudación podrá dirigirse a los titulares de los créditos inscritos con anterioridad, para que informen sobre la subsistencia del crédito y su actual cuantía.

Los acreedores a los que se reclame la información anterior deberán indicar con la mayor precisión si el crédito subsiste o se ha extinguido por cualquier causa, y en caso de subsistir, la cantidad que queda pendiente de pago, la fecha de vencimiento y los plazos y condiciones en que el pago deba efectuarse. Si el crédito estuviera vencido y no pagado, se informará también de los intereses moratorios vencidos y de la cantidad a la que asciendan por cada día de retraso y la previsión para costas.

6. El tipo para la subasta será, como mínimo, el siguiente:

a) Si no existen cargas o gravámenes, el importe de la valoración.

b) Si sobre los bienes embargados existen cargas o gravámenes de carácter real anteriores:

1.º Si las cargas o gravámenes no exceden de la valoración del bien, la diferencia entre dicha valoración y el valor actual de las cargas o gravámenes anteriores al derecho anotado.

2.º Si las cargas o gravámenes exceden de la valoración del bien, el tipo será el importe de los débitos y costas en tanto no supere el valor fijado al bien, o la valoración del bien si lo supera.

Las cargas y gravámenes anteriores quedarán subsistentes sin aplicar a su extinción el precio del remate.

7. Si apareciesen indicios de que todas o algunas de las cargas son simuladas y su importe pudiera impedir o dificultar la efectividad del débito, se remitirán las actuaciones al órgano con funciones de asesoramiento jurídico para que informe sobre las medidas que procedan, incluida la exigencia de responsabilidad civil o penal.

En tanto se resuelve, continuará el procedimiento sobre dichos bienes o sobre los demás que puedan ser embargados.

Artículo 98. Títulos de propiedad.

1. Si al ser notificado el embargo los obligados al pago no hubiesen facilitado los títulos de propiedad de los bienes inmuebles, créditos hipotecarios, derechos reales embargados o cualquier otro tipo de bien o derecho embargado, el órgano de recaudación competente, al tiempo de fijar el tipo para la subasta, les requerirá para que los aporten en el plazo de tres días contados a partir del día siguiente al de la notificación del requerimiento si residen en la propia localidad, y en el de 15 si residen fuera.

2. Cuando no existan títulos de dominio inscritos ni los obligados al pago los presentasen, los rematantes de los bienes deberán, si les interesa, sustituirlos por los medios establecidos en el título VI de la Ley Hipotecaria para llevar a cabo la concordancia entre el registro y la realidad jurídica, incumbiéndoles instar el procedimiento que corresponda, sin que el Estado contraiga otra obligación a este respecto que la de otorgar, si el obligado al pago no lo hace, el documento público de venta.

Artículo 99. Formación de lotes y orden para su enajenación.

1. Los bienes trabados podrán ser distribuidos en lotes, integrando en cada uno de estos los que sean de análoga naturaleza, según sus características y el aprovechamiento o servicio de que sean susceptibles.

2. Igualmente podrán formarse lotes, aunque no se trate de bienes de naturaleza análoga, cuando se estime conveniente a fin de obtener mayores facilidades para la concurrencia de licitadores.

3. Podrá formarse un solo lote con aquellos bienes embargados que estén gravados con una misma hipoteca u otra carga o gravamen de naturaleza real o cuando se trate de enajenar derechos sobre un mismo bien cuya titularidad corresponda a varios deudores.

4. Una vez efectuada la valoración y la formación de lotes, se procederá a la enajenación observándose el orden establecido para el embargo en el artículo 169.2, segundo párrafo, de la Ley 58/2003, de 17 de diciembre, General Tributaria. La aparición posterior de otros bienes no afectará a la validez de las enajenaciones ya realizadas, aunque se trate de bienes anteriores en el orden de embargo.

Artículo 100. Formas de enajenación.

1. Las formas de enajenación de los bienes o derechos embargados serán la subasta pública, concurso o adjudicación directa, salvo los procedimientos específicos de realización de determinados bienes o derechos que se regulan en este reglamento.

2. El procedimiento ordinario de adjudicación de bienes embargados será la subasta pública, que procederá siempre que no sea expresamente aplicable otra forma de enajenación.

3. Cuando se trate de géneros, artículos o mercancías intervenidos por el Estado, estancados o sujetos a algún tipo de cautelas en su transmisión, el órgano de recaudación procederá según lo que establezcan las disposiciones aplicables a la materia.

4. Los interesados podrán participar en los procedimientos de enajenación de los bienes embargados a través de los medios electrónicos, informáticos y telemáticos que se aprueben por el

órgano competente.

5. La Administración tributaria, en el marco de la colaboración social en la aplicación de los tributos, podrá instrumentar acuerdos con instituciones u organizaciones representativas de entidades del sector de la mediación en el mercado inmobiliario o con las propias entidades, que tengan por objeto su participación en los procedimientos de enajenación de bienes que se realicen en el procedimiento de apremio.

Artículo 101. Acuerdo de enajenación y anuncio de la subasta.

1. El órgano de recaudación competente acordará la enajenación mediante subasta de los bienes embargados que estime bastantes para cubrir suficientemente el débito perseguido y las costas del procedimiento y se evitará, en lo posible, la venta de los de valor notoriamente superior al de los débitos, sin perjuicio de que posteriormente autorice la enajenación de los que sean precisos.

El acuerdo de enajenación deberá contener los datos identificativos del deudor y de los bienes a subastar, y señalará el día, hora y lugar en que se celebrará la subasta, así como el tipo para licitar. En su caso, conforme a lo dispuesto en el artículo anterior, indicará la posibilidad de participar en la subasta por vía telemática.

Si se trata de bienes inmuebles para los que el tipo de subasta exceda de la cifra que se determine por la Administración, en el acuerdo de enajenación constará si aquellos adjudicatarios que ejerciten la opción prevista en el artículo 111 pueden obtener autorización para efectuar el pago del precio de remate el mismo día en que se produzca el otorgamiento de la escritura pública de venta. De ser así, se hará constar que quien resulte adjudicatario tendrá que comunicar de forma expresa que desea acogerse a esta forma de pago en el mismo momento en que solicite el otorgamiento de la escritura pública de venta. Asimismo, se indicará si la autorización puede estar condicionada por decisión de la Mesa a que quien resulte adjudicatario deba constituir en el plazo improrrogable de los 10 días siguientes a la adjudicación un depósito adicional. Las decisiones que se adopten en relación con esta autorización se considerarán actos de trámite y no serán susceptibles de reclamación o recurso alguno.

Cuando existan razones que lo justifiquen, el órgano de recaudación competente podrá decidir que la subasta se realice fuera del ámbito territorial del órgano que acuerde la enajenación.

2. El acuerdo de enajenación será notificado al obligado al pago, a su cónyuge si se trata de bienes gananciales o si se trata de la vivienda habitual, a los acreedores hipotecarios, pignoraticios y en general a los titulares de derechos inscritos en el correspondiente

registro público con posterioridad al derecho de la Hacienda pública que figuren en la certificación de cargas emitida al efecto, al depositario, si es ajeno a la Administración y, en caso de existir, a los copropietarios y terceros poseedores de los bienes a subastar.

En caso de subastas de derechos de cesión del contrato de arrendamiento de locales de negocio se notificará también al arrendador o administrador de la finca, con los efectos y requisitos establecidos en la Ley 24/1994, de 24 de noviembre, de Arrendamientos Urbanos.

En la notificación se hará constar que, en cualquier momento anterior al de la adjudicación de los bienes, podrán liberarse los bienes embargados mediante el pago de las cantidades establecidas en el artículo 169.1 de la Ley 58/2003, de 17 de diciembre, General Tributaria.

3. La subasta se anunciará en las oficinas del órgano de recaudación al que esté adscrito el obligado al pago.

Cuando el obligado al pago esté adscrito a un órgano de ámbito nacional, la subasta se anunciará en la sede de este último y en la oficina del domicilio fiscal del obligado.

Cuando el valor de los bienes supere la cuantía que se fije por orden del Ministro de Economía y Hacienda se anunciará en el boletín oficial correspondiente a la demarcación territorial del órgano de recaudación al que esté adscrito el obligado al pago y, en su caso, en el «Boletín Oficial del Estado». El órgano de recaudación competente podrá también acordar la publicación en los ayuntamientos de los lugares donde estén situados los bienes, en medios de comunicación de gran difusión, en publicaciones especializadas y en cualquier otro medio adecuado al efecto y, si se trata de bienes inmuebles, en el boletín oficial correspondiente al lugar donde estén situados.

4. En el anuncio de subasta se hará constar:

a) La posibilidad de participar en la subasta por vía telemática si así se ha acordado.

b) Día, hora y lugar en que ha de celebrarse la subasta.

c) Descripción de los bienes o lotes, tipo de subasta para cada uno y tramos para la licitación, locales o recintos donde están depositados los bienes y los títulos disponibles y días y horas en que podrán ser examinados.

Cuando se trate de bienes inscribibles en registros públicos, se establecerá en dichos anuncios que los licitadores no tendrán derecho a exigir otros títulos de propiedad que los aportados en el expediente; que de no estar inscritos los bienes en el registro, el documento público de venta es título mediante el cual puede efectuarse la inmatriculación en los términos previstos en la legislación hipotecaria, y que, en los demás casos en que sea preciso, habrán de proceder, si les interesa, como dispone el título VI de la Ley Hipotecaria para llevar a cabo la concordancia entre el registro y la realidad jurídica.

d) Indicación expresa de que en el tipo de la subasta no se incluyen los impuestos indirectos que graven la transmisión de dichos bienes.

e) Obligación de constituir ante la Mesa de subasta con anterioridad a su celebración un depósito del 20 por ciento del tipo de subasta. De forma motivada podrá reducirse este depósito hasta un mínimo del 10 por ciento. Asimismo, se advertirá que si los adjudicatarios no satisfacen el precio del remate, dicho depósito se aplicará a la cancelación de la deuda, sin perjuicio de las responsabilidades en que puedan incurrir por los perjuicios que origine la falta de pago del precio de remate.

El depósito deberá constituirse mediante cheque que cumpla los requisitos establecidos en el artículo 35.1, por vía telemática a través de las entidades colaboradoras adheridas o por cualquier medio que se habilite al efecto.

f) Advertencia de que la subasta se suspenderá en cualquier momento anterior a la adjudicación de bienes si se efectúa el pago de la cuantía establecida en el artículo 169.1 de la Ley 58/2003, de 17 de diciembre, General Tributaria.

g) Expresión de las cargas, gravámenes y situaciones jurídicas de los bienes y de sus titulares que, en su caso, hayan de quedar subsistentes y afecten a los bienes.

h) Obligación del adjudicatario de entregar en el acto de la adjudicación o dentro de los 15 días siguientes la diferencia entre el depósito constituido y el precio de adjudicación. En su caso, se advertirá de la posibilidad de que el pago de la cantidad señalada podrá efectuarse el mismo día en que se produzca el otorgamiento de la escritura pública de venta en los términos previstos en el apartado 1, así como de la posibilidad de que tal autorización esté condicionada a que se constituya un depósito adicional, si así lo acuerda la Mesa.

i) Admisión de ofertas en sobre cerrado o pujas automáticas por vía telemática, que deberán ajustarse a lo dispuesto en el artículo 103.4. En tal caso, se hará constar que la Mesa de subasta sustituirá a los licitadores, pujando por ellos en la forma prevista al efecto.

j) Posibilidad de realizar una segunda licitación cuando la Mesa, al finalizar la primera, lo juzgue pertinente, así como posibilidad de adjudicación directa cuando los bienes no hayan sido adjudicados en la subasta.

k) Cuando la subasta se realice a través de empresas o profesionales especializados, se hará constar esta circunstancia y las especialidades de la subasta.

l) Cualquier otra circunstancia, cláusula o condición que deba aplicarse en la subasta, así como todas aquellas condiciones relevantes que pudieran establecerse para el trámite de adjudicación directa.

5. Realizada la notificación y el anuncio de la subasta, para la celebración de esta transcurrirán 15 días como mínimo.

Artículo 102. Subastas de bienes agrupados y simultáneas.

1. Los órganos de recaudación competentes podrán acordar la celebración de subastas de ámbito nacional o regional en las que se agrupen bienes correspondientes a acuerdos de enajenación adoptados por distintos órganos de su ámbito territorial.

Este tipo de subasta se celebrará en el lugar que se designe al efecto y se podrán establecer otras sedes que permitan participar simultáneamente en aquella a través de los delegados de la Mesa de subasta designados conforme a lo establecido en el artículo 104.2.

2. Cuando las circunstancias lo aconsejen y ello sea posible, el órgano de recaudación competente podrá autorizar, asimismo, la acumulación de enajenaciones de bienes que deba llevar a cabo la Agencia Estatal de Administración Tributaria con otras a desarrollar por otros entes u organismos del Estado.

Artículo 103. Licitadores.

1. Con excepción del personal adscrito al órgano de recaudación competente, de los tasadores, de los depositarios de los bienes y de los funcionarios directamente implicados en el procedimiento de apremio, podrá tomar parte en la subasta, concurso o adjudicación directa, por si o por medio de representante, cualquier persona que posea capacidad de obrar con arreglo a derecho y que no tenga para ello impedimento o restricción legal, siempre que se identifique adecuadamente y con documento que justifique, en su caso, la representación que tenga.

Si se trata de un licitador interesado en participar por medios telemáticos, deberá cumplir de forma adicional los requisitos técnicos exigidos para efectuar dichas comunicaciones telemáticas con la Administración.

2. Todo licitador, para ser admitido como tal, constituirá un depósito a favor del Tesoro público de, al menos, la cantidad establecida para los bienes respecto de los que desee pujar conforme a lo previsto en artículo 101.4.e).

Cuando el licitador no resulte adjudicatario de un bien o lote de bienes, podrá aplicar dicho depósito al de otros bienes o lotes sucesivos por los que desee pujar.

3. Cuando la participación en la subasta se lleve a cabo en virtud de la colaboración social a la que se refiere el artículo 100.5, el licitador, en el momento de su acreditación, podrá manifestar que en el caso de resultar adjudicatario se reserva el derecho a ceder dicho remate a un tercero para que el documento público de venta pueda otorgarse directamente a favor del cesionario.

4. Los licitadores podrán enviar o presentar sus ofertas en sobre cerrado desde el anuncio de la subasta hasta una hora antes del comienzo de esta. Dichas ofertas, que tendrán el carácter de máximas, serán presentadas en el registro general de la oficina donde se celebre la subasta y deberán ir acompañadas del depósito.

El licitador deberá indicar nombre y apellidos o razón social o denominación completa, número de identificación fiscal y domicilio.

Las ofertas que se presenten por medios telemáticos habrán de ajustarse a las disposiciones que se dicten para regular dicha forma de participación.

Artículo 104. Desarrollo de la subasta.

1. La subasta se celebrará en el lugar designado en el acuerdo de enajenación.

2. La Mesa estará compuesta por el presidente, el secretario y uno o más vocales, designados entre funcionarios en la forma que se establezca en la norma de organización específica. Tratándose de subastas a las que se refiere el artículo 102.1, se formará una única Mesa cuya composición será acorde con lo señalado anteriormente y que designará de entre sus vocales a aquellos que deban actuar como sus delegados en cada una de las demás sedes donde se desarrolle la subasta.

3. Una vez constituida la Mesa, dará comienzo el acto con la lectura pública de las relaciones de bienes o lotes y de las demás condiciones que hayan de regir en la subasta. A continuación, la presidencia convocará a aquellos que quieran tomar parte como licitadores, para que se identifiquen y constituyan el depósito.

Asimismo, se procederá a la apertura de los sobres que contienen posturas efectuadas por escrito, a efectos de comprobar los requisitos para licitar y a verificar la existencia de pujas automáticas.

4. Realizado el trámite anterior, el presidente declarará iniciada la licitación, comunicará a los concurrentes, en su caso, la existencia de posturas válidas presentadas, con indicación de los bienes o lotes a que afectan, y anunciará los tramos a que se ajustarán las posturas. Desde aquel momento, se admitirán posturas para el primer bien o

lote y se anunciarán las sucesivas pujas que se vayan haciendo con sujeción a los tramos fijados.

En caso de existencia de ofertas en sobre cerrado o por puja automática se procederá respecto de ellas como sigue:

a) La Mesa sustituirá a los licitadores en la forma prevista al efecto y pujará por ellos sin sobrepasar el límite máximo fijado en cada oferta.

b) Si hay más de una oferta en sobre cerrado o por puja automática, podrá comenzar la admisión de posturas a partir de la segunda más alta de aquellas.

c) Si una postura no coincide con el importe de un tramo, se considerará formulada por el importe del tramo inmediato inferior.

d) Los licitadores en sobre cerrado o por puja automática podrán participar personalmente en la licitación con posturas superiores a las inicialmente presentadas.

En caso de que coincidan en la mejor postura varias de las ofertas presentadas en sobre cerrado y con puja automática, se dará preferencia en la adjudicación a la registrada en primer lugar. Si concurren en la postura con una presentada presencialmente o con una presentada por vía telemática durante la realización de la subasta, se dará preferencia a la presentada en sobre cerrado o con puja automática.

Sin interrupción y de forma sucesiva, se irán subastando los demás bienes o lotes, con respeto del orden ya citado, y si para alguno no hubiese pujas, se pasará al que le siga. La subasta de los bienes de un obligado al pago se dará por terminada cuando con el importe de los bienes adjudicados se cubra la totalidad de los débitos exigibles.

Cuando en la licitación no se hubiese cubierto la deuda y quedasen bienes sin adjudicar, la Mesa anunciará la iniciación del trámite de adjudicación directa, que se llevará a cabo dentro del plazo de seis meses, contado desde ese momento, conforme al procedimiento establecido en el artículo 107.

No obstante, después de la celebración de la primera licitación, la Mesa podrá acordar la celebración de una segunda licitación, previa deliberación sobre su conveniencia.

Si se acuerda la procedencia de celebrar una segunda licitación, se anunciará de forma inmediata y se admitirán pujas que cubran el nuevo tipo, que será el 75 por ciento del tipo de subasta en primera licitación.

A tal fin se abrirá un plazo de media hora para que los que deseen licitar constituyan los nuevos depósitos en relación con el nuevo tipo de subasta de los bienes que van a ser enajenados; a tal efecto, servirán los depósitos efectuados anteriormente. La segunda licitación se desarrollará con las mismas formalidades que la primera. Los bienes no adjudicados pasarán al trámite de adjudicación directa regulado en el artículo 107.

5. En el caso de que se hayan subastado bienes o derechos respecto de los que, según la legislación aplicable, existan interesados que tengan derechos de adquisición preferente, acordada la adjudicación, esta se comunicará a dichos interesados. La adjudicación definitiva quedará en suspenso durante el plazo en el que, según la legislación aplicable, los interesados puedan ejercer su derecho.

6. Terminada la subasta se levantará acta por el secretario de la Mesa. Posteriormente, se procederá a desarrollar las siguientes actuaciones:

a) Devolver los depósitos que se hubieran constituido salvo los pertenecientes a los adjudicatarios, que se aplicarán al pago del precio de remate.

b) Instar a los adjudicatarios a que efectúen el pago, con la advertencia de que, si no lo completan en los 15 días siguientes a la fecha de adjudicación, perderán el importe del depósito y quedarán obligados a resarcir a la Administración de los perjuicios que origine dicha falta de pago.

No obstante, cuando los adjudicatarios soliciten la posibilidad de pago prevista en el artículo 101.1 por concurrir los requisitos previstos, se les instará para que efectúen el pago al tiempo del otorgamiento de la escritura pública de venta, realizándoles las mismas advertencias señaladas en el párrafo anterior. En el caso de que la Mesa acordara la constitución de un depósito adicional, se les instará para que lo constituyan en el plazo improrrogable de los 10 días siguientes a la adjudicación. Dicho depósito no podrá exceder de la cuantía del depósito de garantía exigido para poder licitar en la subasta. De no constituirse, el adjudicatario deberá efectuar el pago del precio de remate de acuerdo con lo establecido en el párrafo anterior.

En caso de impago del precio de remate por el adjudicatario, el importe depositado se aplicará a la cancelación de las deudas objeto del procedimiento, sin perjuicio de las responsabilidades en que podrá incurrir por los perjuicios que origine la falta de pago del precio de remate.

En caso de impago del precio de remate por el adjudicatario la Mesa podrá optar entre acordar la adjudicación al licitador que hubiera realizado la segunda oferta más elevada, siempre y cuando la mantenga y esta no fuese inferior en más de dos tramos a la que ha resultado impagada, o iniciar la adjudicación directa. Si la oferta es inferior en más de dos tramos, se iniciará la adjudicación directa.

c) Instar a los rematantes que hubiesen ejercitado la opción prevista en el artículo 103.3 a que, en el plazo de 15 días contados a partir del día siguiente al de adjudicación, comuniquen la identidad del cesionario a cuyo nombre se otorgará el documento público de venta, con la advertencia de que dicha comunicación no altera el plazo de pago previsto en el párrafo b).

d) Entregar a los adjudicatarios, salvo en los supuestos en que hayan optado por el otorgamiento de escritura pública de venta previsto en el artículo 111.1, certificación del acta de adjudicación de los bienes, en la que habrá de constar, además de la transcripción de la propia acta en lo que se refiere al bien adjudicado y al adjudicatario, la acreditación de haberse cumplido los siguientes trámites:

1.º Haberse efectuado el pago del remate.

2.º Haberse emitido en conformidad informe por parte del órgano con funciones de asesoramiento jurídico sobre la observancia de las formalidades legales en el procedimiento de apremio, cuando haya sido solicitado por el órgano de recaudación y, en todo caso, cuando la adjudicación recaiga sobre bienes o derechos inscribibles en el Registro de la Propiedad.

La citada certificación constituye un documento público de venta a todos los efectos y en ella se hará constar que queda extinguida la anotación preventiva hecha en el registro público correspondiente a nombre de la Hacienda pública. Asimismo, tal y como se establece en el artículo 111.3, se expedirá mandamiento de cancelación de las cargas posteriores.

e) Practicar la correspondiente liquidación, entregando el sobrante, si hubiera, al obligado al pago. Si este no lo recibe, se consignará a su disposición en la Caja General de Depósitos en el plazo de 10 días desde el pago del precio de remate.

Igualmente se depositará el sobrante cuando existan titulares de derechos posteriores a los de la Hacienda pública.

7. Cuando, efectuada la subasta, no se hubieran adjudicado bienes suficientes para el pago de la cantidad debida, sin perjuicio de formalizar la adjudicación de los rematados, quedará abierto el trámite de adjudicación directa por el plazo que se estime oportuno con el límite de seis meses.

Artículo 105. Subastas a través de empresas o profesionales especializados.

1. El órgano de recaudación competente podrá encargar la ejecución material de las subastas a empresas o profesionales

especializados.

2. Será aplicable en tales casos lo dispuesto para las subastas en esta subsección, con las particularidades siguientes:

a) No será necesaria la constitución de depósito previo para concurrir a la licitación.

b) El desarrollo de la licitación se realizará conforme a las prácticas habituales de este tipo de actos.

c) La Mesa, compuesta según establece el artículo 104.2, estará representada en el acto de licitación por uno de sus componentes, que decidirá sobre las incidencias que pudieran surgir en su desarrollo.

d) Cuando se paguen las cantidades establecidas en el artículo 169.1 de la Ley 58/2003, de 17 de diciembre, General Tributaria, en el acto de la subasta, el representante de la Mesa suspenderá la licitación de los bienes correspondientes.

3. El representante de la Mesa extenderá diligencia en que se hagan constar los elementos esenciales de la subasta. A partir de ese momento, la Mesa de subasta actuará conforme al artículo 104.

Artículo 106. Enajenación por concurso.

1. La enajenación de bienes embargados sólo podrá celebrarse por concurso:

a) Cuando la venta de lo embargado, por sus cualidades o magnitud, pudiera producir perturbaciones nocivas en el mercado.

b) Cuando existan otras razones de interés público debidamente justificadas.

2. El concurso deberá ser autorizado por el órgano competente y su convocatoria se publicará en el «Boletín Oficial del Estado»y en el boletín oficial correspondiente a la demarcación territorial del órgano de recaudación al que este adscrito el obligado al pago. En dicha convocatoria se señalarán los bienes objeto de enajenación, el plazo y las condiciones para concurrir, la forma de pago y el depósito a realizar. Asimismo, se señalarán, si las hubiese, las condiciones especiales del concurso, referidas tanto a los requisitos de los concursantes como a la retirada y utilización de los bienes enajenados.

En lo no previsto expresamente se estará a lo establecido para la enajenación por subasta.

3. Terminado el plazo de admisión de ofertas, el órgano competente decidirá adjudicar el concurso o declararlo desierto en un plazo de cinco días.

La adjudicación se hará a la oferta más ventajosa, teniendo en cuenta no sólo el aspecto económico, sino también el cumplimiento de todas las condiciones incluidas en la convocatoria.

En caso de que el concurso se declare desierto podrá procederse posteriormente a la adjudicación directa.

Artículo 107. Enajenación mediante adjudicación directa.

1. Procederá la adjudicación directa de los bienes o derechos embargados:

a) Cuando, después de realizados la subasta o el concurso, queden bienes o derechos sin adjudicar.

b) Cuando se trate de productos perecederos o cuando existan otras razones de urgencia, justificadas en el expediente.

c) En otros casos en que no sea posible o no convenga promover concurrencia, por razones justificadas en el expediente.

2. Si se trata de bienes perecederos, en el acuerdo de enajenación el órgano competente podrá establecer los límites y condiciones de la adjudicación directa y se podrá, en este caso, prescindir de la propuesta de adjudicación a que se refiere el apartado 5.

3. El órgano de recaudación competente procederá en el plazo de seis meses a realizar las gestiones conducentes a la adjudicación directa de los bienes en las mejores condiciones económicas, para lo que utilizará los medios que considere más ágiles y efectivos. Podrá acordarse la participación por vía telemática. Asimismo, el órgano de recaudación competente podrá exigir a los interesados un depósito en la cuantía que se estime adecuada.

4. El precio mínimo de adjudicación será:

a) Cuando los bienes hayan sido objeto de concurso o de subasta con una sola licitación, el tipo del concurso o la subasta.

b) Cuando los bienes hayan sido objeto de subasta con dos licitaciones, no existirá precio mínimo.

c) Cuando los bienes no hayan sido objeto de concurso o subasta, se valorarán con referencia a precios de mercado y se tratará de obtener, al menos, tres ofertas. Si las ofertas no alcanzan el valor señalado, podrán adjudicarse sin precio mínimo.

5. En función de las ofertas presentadas se formulará, en su caso, propuesta de adjudicación por el órgano de recaudación competente. Transcurrido el plazo a que se refiere el apartado 3 sin haberse dictado acuerdo de adjudicación, se dará por concluido dicho trámite.

6. La adjudicación se formalizará mediante acta en el caso del apartado 1.a) y por resolución del órgano de recaudación competente en los demás casos.

7. Los bienes serán entregados al adjudicatario una vez haya sido

hecho efectivo el importe procedente.

8. En lo no previsto expresamente, se estará a lo establecido para la enajenación por subasta en lo que resulte aplicable. En particular, se advertirá al adjudicatario que si no satisface el precio de remate en el plazo establecido al efecto, se aplicará el importe del depósito que, en su caso, hubiera constituido a la cancelación de las deudas objeto del procedimiento, sin perjuicio de las responsabilidades en que pueda incurrir por los perjuicios que ocasione la falta de pago del precio de remate.

9. Transcurrido el trámite de adjudicación directa, se adjudicará el bien o derecho a cualquier interesado que satisfaga el importe del tipo de la última subasta celebrada antes de que se acuerde la adjudicación de los bienes o derechos a la Hacienda pública.

Subsección 6.ª Adjudicación de bienes y derechos a la Hacienda pública

Artículo 108. Competencia.

Serán competentes para adjudicar bienes o derechos a la Hacienda pública en pago de deudas no cubiertas en el curso del procedimiento de apremio los órganos que establezca la norma de organización específica.

Artículo 109. Adjudicación de bienes y derechos.

1. Cuando en el procedimiento de enajenación regulado en la anterior subsección no se hubieran adjudicado alguno o algunos de los bienes embargados, el órgano de recaudación competente podrá proponer de forma motivada al órgano competente su adjudicación a la Hacienda pública en pago de las deudas no cubiertas.

Cuando los bienes embargados o sobre los que se hubiese constituido garantía fuesen integrantes del patrimonio histórico español, podrá prescindirse de los procedimientos de enajenación previstos en la subsección 5.ª anterior y se actuará conforme a lo dispuesto en este artículo.

2. Si se trata de bienes inmuebles que no tengan cargas o gravámenes o, aun teniéndolos, el importe de dichas cargas sea inferior al valor en que deban ser adjudicados según el artículo 172 de la Ley 58/2003, de 17 de diciembre, General Tributaria, el órgano competente acordará la adjudicación. No obstante, podrá no acordarla cuando existan circunstancias que permitan prever que dichos bienes no tendrán utilidad para la Hacienda pública; a tales efectos, se solicitará informe previo al Delegado de Economía y Hacienda para la valoración de dichas circunstancias.

Previamente al acuerdo de adjudicación, podrá solicitarse

informe al órgano con funciones de asesoramiento jurídico cuando la complejidad jurídica del expediente lo requiera.

Si las cargas o gravámenes son superiores, el órgano competente consultará a la Dirección General del Patrimonio del Estado sobre la conveniencia de dicha adjudicación. En la consulta se hará constar toda la información que permita tomar una decisión razonada al respecto.

El citado centro directivo contestará a la consulta en el plazo de tres meses. Si no contesta en dicho plazo o la contestación es denegatoria, no se acordará la adjudicación.

En caso de contestación afirmativa, el órgano competente acordará la adjudicación.

En las resoluciones en que se acuerde la adjudicación a la Hacienda pública se hará constar, además, que los titulares de cargas reales verán disminuido el importe de sus créditos con los débitos, si para la efectividad de estos el Estado tiene derecho de hipoteca legal tácita.

La disminución comenzará por el último que figure en la certificación del Registro de la Propiedad, respetando las preferencias legalmente establecidas, y se inscribirá en este, en virtud de la resolución a que se refiere este apartado.

La adjudicación a la Hacienda pública con disminución de los créditos citados será notificada a los interesados.

3. Si se trata de bienes muebles cuya adjudicación se presuma que puede interesar a la Hacienda pública, el órgano competente podrá acordar dicha adjudicación, una vez tenida en cuenta la previsible utilidad que pudiera reportar a aquella y consultado, en su caso, el órgano o entidad de derecho público que pudiera utilizar dichos bienes.

Artículo 110. Inscripción y cancelación de cargas.

1. Los bienes inmuebles adjudicados a la Hacienda pública serán inscritos en el Registro de la Propiedad en virtud de certificación expedida por el órgano de recaudación competente, en la que se harán constar las actuaciones del expediente y los datos necesarios para dicha inscripción, en cumplimiento de lo que dispone el artículo 26 Reglamento Hipotecario, aprobado por el Decreto de 14 de febrero de 1947.

2. Asimismo, se expedirá mandamiento de cancelación de las cargas posteriores con relación a los créditos ejecutados, de acuerdo con lo dispuesto en el artículo 175, regla 2.ª, del reglamento citado.

Subsección 7.ª Actuaciones posteriores a la enajenación

Artículo 111. Escritura pública de venta y cancelación de cargas.

1. El adjudicatario podrá solicitar expresamente en el acto de la adjudicación el otorgamiento de escritura pública de venta del inmueble.

Con carácter previo a dicho otorgamiento, se remitirá el expediente al órgano con funciones de asesoramiento jurídico para que emita el preceptivo informe en el plazo de cinco días desde la fecha de recepción del expediente de referencia. El órgano de recaudación competente dispondrá lo necesario para que se subsanen los defectos que se observen.

2. Una vez devuelto el expediente por el órgano con funciones de asesoramiento jurídico, con informe de haberse observado las formalidades legales en el procedimiento de apremio, deberán ser otorgadas las escrituras de venta de los inmuebles que hubieran sido enajenados dentro de los 15 días siguientes, previa citación debidamente notificada a los obligados al pago o a sus representantes si los tuviesen.

Si no comparecieran a la citación, se otorgarán de oficio tales escrituras a favor de los adjudicatarios por el órgano competente, que actuará en sustitución del obligado al pago, haciéndose constar en ellas que queda extinguida la anotación preventiva hecha en el Registro de la Propiedad a nombre de la Hacienda pública.

3. Asimismo, se expedirá mandamiento de cancelación de las cargas posteriores con relación a los créditos ejecutados, de acuerdo con lo dispuesto en el artículo 175, regla 2.ª, del Reglamento Hipotecario.

Artículo 112. Levantamiento de embargo.

1. Una vez cubiertos el débito, intereses y costas del procedimiento, el órgano de recaudación levantará el embargo sobre los bienes no enajenados y acordará su entrega al obligado al pago.

2. Si finalizados los procedimientos de enajenación y, en su caso, adjudicación a la Hacienda pública, quedaran bienes muebles sin adjudicar, quedarán a disposición del obligado al pago.

Subsección 8.ª Costas del procedimiento de apremio

Artículo 113. Costas del procedimiento de apremio.

1. Tienen la consideración de costas del procedimiento de apremio los gastos que se originen durante su desarrollo. Estas costas serán exigidas al obligado al pago.

2. Están comprendidos en el concepto de costas del

procedimiento los siguientes gastos:

a) Los honorarios de empresas o profesionales ajenos a la Administración que intervengan en valoraciones, deslindes y enajenación de los bienes embargados.

b) Los honorarios de los registradores y demás gastos que deban abonarse por las actuaciones en los registros públicos.

c) Los que deban abonarse por depósito y administración de los bienes embargados.

d) Los pagos realizados a acreedores, según se dispone en el artículo 77.2.

e) Los importes que el órgano de recaudación competente haya satisfecho como alquiler de negocio, en aquellos casos en que el derecho de cesión del contrato de arrendamiento del local de negocio haya sido embargado.

f) Los demás gastos que exija y requiera la propia ejecución.

3. No podrán incluirse como costas los gastos ordinarios de los órganos de la Administración.

Artículo 114. Honorarios y gastos de depósito y administración.

1. Las empresas o profesionales devengarán sus honorarios con arreglo a la tarifa que oficialmente tengan establecida o de acuerdo con la cuantía que se haya estipulado en el contrato celebrado con la Administración.

El pago de estos servicios se realizará una vez que hayan sido prestados y previa la conformidad del órgano de recaudación competente, de acuerdo con las normas sobre procedimiento de gastos y pagos públicos.

2. Los gastos que se ocasionen por actuaciones de los registros públicos serán los establecidos en la normativa vigente. Las actuaciones que consistan en facilitar información a los órganos de recaudación tendrán carácter gratuito.

Los registradores o encargados de los registros expedirán factura de los gastos que procedan y los consignarán en los mandamientos o demás documentos que les sean presentados o que expidan relacionados con los bienes embargables.

El pago de dichos honorarios se efectuará una vez realizada la enajenación de los bienes o cobrado el débito perseguido. Si el crédito resultara incobrable, el pago se efectuará una vez practicada la liquidación de costas con cargo a los fondos habilitados para este fin.

3. Tendrán la consideración de gastos originados por los depósitos de bienes embargados los siguientes:

a) La retribución a los depositarios, si la hubiera.

b) Los de transporte, embalaje o acondicionamiento, almacenaje, mantenimiento, conservación, custodia y exhibición cuando no estén incluidos en la retribución citada en el párrafo a).

c) Los originados por el desempeño de funciones de administración necesarios para la gestión de los bienes en los casos previstos en el artículo 95.

El pago de los servicios a que se refiere este apartado se realizará una vez prestados, de acuerdo con las normas sobre procedimiento de gastos y pagos públicos.

Artículo 115. Liquidación de las costas.

1. En la liquidación definitiva de cada expediente de apremio se incluirán las costas correspondientes.

2. Las costas que afecten a varios obligados al pago y no puedan imputarse a cada uno individualmente se distribuirán entre ellos proporcionalmente a sus respectivas deudas.

3. Ninguna partida de costas podrá ser exigida al obligado al pago si el expediente no incluye los recibos, facturas o minutas de honorarios que la acrediten.

4. Al entregar al obligado al pago el correspondiente justificante de pago, se hará constar en este, o por separado, según proceda, el importe de las costas a su cargo, detallando los conceptos a que correspondan.

5. Procederá la devolución de las costas satisfechas en los casos de anulación de la liquidación o del procedimiento de apremio en que se hayan causado.

6. Cuando, ultimado un procedimiento administrativo de apremio y practicada liquidación, las cantidades obtenidas no cubrieran el importe de las costas devengadas, la parte restante será a cargo de la Administración.

Sección 3.ª Terminación del procedimiento de apremio

Artículo 116. Terminación del procedimiento de apremio.

1. Cuando en el procedimiento de apremio resultasen solventados los débitos perseguidos y las costas, se declarará dicho extremo en el expediente de apremio, que quedará ultimado.

2. Cuando el importe obtenido fuera insuficiente, se aplicará en primer lugar a las costas y seguidamente a as deudas cuyo cobro se persigue en el procedimiento según las reglas de imputación del artículo 63 de la Ley 58/2003, de 17 de diciembre, General Tributaria, sin perjuicio de lo previsto en los párrafos a) y b) del

siguiente apartado. Por la parte no solventada se actuará de acuerdo con lo dispuesto para los créditos incobrables en los artículos 61 a 63 de este reglamento.

3. Cuando en el caso anterior el expediente incluya varios débitos, una vez aplicado el importe obtenido a las costas, con el resto se seguirán las normas siguientes:

a) En primer lugar, se aplicarán las cantidades obtenidas que estén afectadas singularmente al pago de deudas determinadas, sea por garantía, derecho real u otras de igual significación.

b) Aplicadas las anteriores, se tendrán en cuenta las preferencias genéricas establecidas a favor de determinadas clases de créditos en la Ley 58/2003, de 17 de diciembre, General Tributaria, y en la Ley 47/2003, de 26 de noviembre, General Presupuestaria, así como en otras leyes aplicables.

c) Realizadas las aplicaciones anteriores, si existe sobrante, se aplicará por orden de antigüedad de los créditos, determinado por la fecha en que la deuda fue exigible.

4. Cuando el procedimiento de recaudación se desarrolle en el marco de la asistencia mutua, el procedimiento podrá terminar, además, por la modificación o retirada de la solicitud de dicha asistencia.

Sección 4.ª Tercerías

Artículo 117. Carácter de la tercería.

1. La reclamación en vía administrativa será requisito previo para el ejercicio de la acción de tercería ante los juzgados y tribunales civiles. Dicha reclamación se tramitará y resolverá por las normas contenidas en esta sección.

2. La tercería sólo podrá fundarse en el dominio de los bienes embargados al obligado al pago o en el derecho del tercerista a ser reintegrado de su crédito con preferencia al que es objeto del expediente de apremio

3. No podrá ser calificada como reclamación de tercería la formulada por el obligado al pago.

Artículo 118. Competencias en materia de tercerías.

La competencia para la tramitación de la tercería, así como la competencia para su resolución, corresponderá a los órganos que se determinen en la norma de organización específica.

Artículo 119. Forma, plazos y efectos de la interposición de la tercería.

1. La reclamación de tercería se formulará por escrito, acompañando los documentos originales en que el tercerista funde su derecho y copia de estos, si desea que le sean devueltos, previo cotejo. El escrito se dirigirá al órgano que esté tramitando el procedimiento de apremio, el cual lo remitirá al órgano competente para su tramitación.

Si el escrito de reclamación no reúne los requisitos exigibles a las solicitudes que se dirijan a la Administración o el tercerista no acompaña los documentos originales en los que pueda fundar su derecho al escrito de reclamación, el órgano competente para la tramitación le requerirá para que subsane su falta, para lo que dispondrá de un plazo de 10 días contados a partir del día siguiente al de la notificación del requerimiento, con la advertencia expresa de que, de no hacerlo así, se procederá al archivo de la reclamación.

Recibida la documentación o, en su caso, subsanados los defectos observados en la presentada, se dictará, si procede, acuerdo de admisión a trámite que será notificado al tercerista y al obligado al pago. Dicho acuerdo deberá ser dictado en el plazo de 15 días desde que se reciba la reclamación o se entiendan subsanados los defectos.

2. No se admitirá segunda o ulterior tercería fundada en títulos o derechos que poseyera el tercerista al tiempo de formular la primera.

La tercería de dominio no se admitirá con posterioridad al momento en que, de acuerdo con lo dispuesto en la legislación civil, se produzca la transmisión de los bienes o derechos a un tercero que los adquiera a través de los procedimientos de enajenación previstos en este reglamento, o a la Hacienda pública por su adjudicación en pago.

La tercería de mejor derecho no se admitirá después de haberse percibido el precio de la venta mediante la ejecución forzosa o, en el supuesto de adjudicación de los bienes o derechos al ejecutante, después de que este adquiera su titularidad conforme a lo dispuesto en la legislación civil.

El acuerdo de inadmisión deberá ser notificado al tercerista y al obligado al pago. Contra dicho acuerdo no procederá recurso o reclamación en vía administrativa.

3. Recibido el escrito y los documentos que han de acompañarlo, se unirá al expediente de apremio, se calificará la tercería como de dominio o de mejor derecho y de haberse presentado en tiempo y forma, se suspenderá o proseguirá el procedimiento sobre los bienes o derechos controvertidos, según lo dispuesto en el artículo 165.4 y 5 de la Ley 58/2003, de 17 de diciembre, General Tributaria, y en los

apartados siguientes de este artículo.

4. Si la tercería fuese de dominio, una vez admitida a trámite, se producirán los siguientes efectos:

a) Se adoptarán las medidas de aseguramiento que procedan según la naturaleza de los bienes. Entre otras, podrá practicarse anotación de embargo en los registros correspondientes o realizarse el depósito de los bienes. Una vez adoptadas tales medidas, se suspenderá el procedimiento de apremio respecto de los bienes o derechos objeto de la tercería.

b) Si los bienes consisten en dinero, en efectivo o en cuentas, se consignará su importe en la Caja General de Depósitos o se ordenará su retención en cuentas a disposición del órgano de recaudación competente, según decida este.

c) Si los bienes o derechos no pueden conservarse sin sufrir deterioro o quebranto sustancial en su valor en caso de demora, el órgano de recaudación competente podrá acordar su enajenación de acuerdo con lo previsto en este reglamento y se consignará en este caso el importe obtenido a resultas de la resolución de la reclamación de tercería.

d) El procedimiento seguirá con respecto a los demás bienes y derechos del obligado al pago que no hayan sido objeto de la tercería hasta quedar satisfecha la deuda; en este caso, se dejará sin efecto el embargo sobre los bienes y derechos controvertidos, sin que ello suponga reconocimiento alguno de la titularidad del reclamante y se procederá al archivo de la reclamación de tercería planteada.

5. Si la tercería fuera de mejor derecho, una vez admitida a trámite, se proseguirá el procedimiento de apremio hasta la realización de los bienes o derechos y se consignará el importe obtenido a resultas de la reclamación de tercería. No obstante, podrá suspenderse su ejecución si el tercerista consigna el importe de la cantidad a que se refiere artículo 169.1 de la Ley 58/2003, de 17 de diciembre, General Tributaria, o el valor del bien a que se refiere la tercería si este último fuese inferior. A estos efectos, la valoración del bien se realizará conforme a lo dispuesto en el artículo 97 de este reglamento.

Igualmente, si los bienes consistieran en dinero, en efectivo o en cuentas, podrá acordarse la consignación de su importe en la Caja General de Depósitos o su retención en cuentas a disposición del órgano de recaudación competente, según decida este.

Artículo 120. Tramitación y resolución de la tercería.

1. En el plazo de 15 días desde la admisión a trámite de la tercería presentada el órgano competente para la tramitación remitirá

la reclamación, junto con la documentación aportada y el expediente de apremio, al órgano competente para su resolución. También remitirá una propuesta de resolución debidamente motivada.

El órgano competente para resolver podrá ordenar que se complete el expediente con los antecedentes, informes, documentos y datos que resulten necesarios. Igualmente, deberá solicitar informe del correspondiente órgano con funciones de asesoramiento jurídico, que deberá emitirlo en el plazo de 15 días. La solicitud de informe irá acompañada de todos los documentos del expediente de apremio que puedan tener trascendencia para la resolución de la tercería.

2. La resolución deberá notificarse en el plazo en el plazo de tres meses.

Transcurrido dicho plazo sin que se haya notificado la resolución, se podrá entender desestimada la reclamación a efectos de formular la correspondiente demanda judicial.

3. Si transcurridos 10 días, contados a partir del día siguiente al de la notificación a que se refiere el apartado anterior, no se justificara documentalmente, ante el órgano competente para tramitar la reclamación de tercería, la interposición de la demanda judicial, continuarán los trámites el procedimiento de apremio que quedaron en suspenso.

4. El órgano con funciones de asesoramiento jurídico que intervenga en los procesos de tercería ante los juzgados o tribunales civiles comunicará a los órganos que tramiten los procedimientos de apremio las resoluciones judiciales firmes que recaigan en aquellos procesos.

Artículo 121. Efectos de la estimación de la reclamación de tercería.

1. Si la tercería fuera de dominio, la estimación de la reclamación determinará el levantamiento del embargo acordado sobre los bienes o derechos objeto de la reclamación, salvo en el supuesto de que se hubiera acordado previamente su enajenación por no haber podido conservarse sin sufrir deterioro o quebranto sustancial en su valor en caso de demora; en este caso, le será entregado al reclamante el producto obtenido en aquella con la oportuna liquidación del interés legal a su favor sobre la cantidad percibida calculado desde la fecha de consignación del depósito y hasta la ordenación del pago.

2. Si la tercería fuera de mejor derecho, la estimación de la reclamación determinará la entrega al reclamante del producto obtenido en la ejecución, una vez deducidos los costes necesarios para su realización en el procedimiento administrativo de apremio.

Artículo 122. Tercerías a favor de la Hacienda pública.

Cuando al efectuarse el embargo de bienes se compruebe que estos ya han sido embargados en el seno de otro procedimiento ejecutivo, judicial o administrativo, se informará al órgano competente con el detalle necesario para que este lo comunique al órgano con funciones de asesoramiento jurídico, a fin de que, si se estima procedente, se ejerciten las acciones pertinentes en defensa del mejor derecho de la Hacienda pública.

Sección 5.ª Actuaciones de la Hacienda pública en procedimientos concursales y en otros procedimientos de ejecución

Artículo 123. Actuaciones de la Hacienda pública en procedimientos concursales y en otros procedimientos de ejecución.

1. Cuando los derechos de la Hacienda pública hayan de ejercerse ante los órganos judiciales, esta iniciará el proceso correspondiente o se personará en el proceso ya iniciado conforme a la normativa legal que resulte de aplicación

2. Los órganos de recaudación competentes podrán solicitar de los órganos judiciales la información sobre los procedimientos que puedan afectar a los derechos de la Hacienda pública cuando dicha información no este disponible a través de la representación procesal. Asimismo, podrán solicitar información a tal efecto de la Dirección General del Tesoro y Política Financiera y demás órganos de recaudación sobre créditos pendientes de cobro.

3. Los órganos de recaudación remitirán al órgano con funciones de asesoramiento jurídico los documentos necesarios para la defensa de los derechos de la Hacienda pública. Los créditos de la Hacienda pública quedarán justificados mediante certificación expedida por el órgano competente.

4. Lo dispuesto en los apartados anteriores será de aplicación, con las especialidades adecuadas a cada caso, a cualquier procedimiento no judicial de ejecución de bienes en que resulten afectados los derechos de la Hacienda pública.

5. Cuando se vaya a solicitar la declaración de concurso o se haya declarado un concurso que afecte a créditos que no sean de titularidad de la Hacienda pública estatal y cuya gestión recaudatoria se esté realizando por la Agencia Estatal de Administración Tributaria en virtud de convenio, se observará lo establecido en el convenio.

En defecto de convenio, la Agencia Estatal de Administración

Tributaria comunicará los créditos que hayan sido o deban ser certificados en el proceso al titular de los créditos a fin de que pueda asumir directamente la representación y defensa de aquellos. Del mismo modo, previamente a la suscripción o adhesión a un convenio o acuerdo que pueda afectar a tales créditos, la Agencia Estatal de Administración Tributaria dará traslado de su contenido al titular de aquellos, entendiéndose que presta su conformidad si en el plazo de 10 días contados a partir del día siguiente al de la notificación del requerimiento no manifestara lo contrario.

6. Cuando la Administración tributaria sea nombrada administrador concursal, corresponderá al órgano que se determine en la norma de organización específica aceptar el nombramiento o rechazarlo en virtud de justa causa.

TÍTULO IV

Procedimiento frente a responsables y sucesores

CAPÍTULO I

Responsables

Artículo 124. Declaración de responsabilidad.

◀ *LGT 174-176, RGAT 196* ▶

◀ *LGT 41-43 Responsables tributarios* ▶

1. El procedimiento de declaración de responsabilidad se iniciará mediante acuerdo dictado por el órgano competente que deberá ser notificado al interesado.

El trámite de audiencia será de 15 días contados a partir del día siguiente al de la notificación de la apertura de dicho plazo.

El plazo máximo para la notificación de la resolución del procedimiento será de seis meses.

2. Las solicitudes de aplazamiento o fraccionamiento de deudas o las solicitudes de suspensión del procedimiento de recaudación efectuadas por un responsable no afectarán al procedimiento de recaudación iniciado frente a los demás responsables de las deudas a las que se refieran dichas solicitudes.

3. Cuando el procedimiento para declarar la responsabilidad se inicie por los órganos competentes para dictar la liquidación y dicha declaración no se haya notificado con anterioridad al vencimiento del periodo voluntario de pago de la deuda resultante de la liquidación, el

procedimiento para declarar la responsabilidad se dará por concluido sin más trámite, sin perjuicio de que con posterioridad pueda iniciarse un nuevo procedimiento por los órganos de recaudación; a tal efecto, las actuaciones realizadas en el curso del procedimiento inicial, así como los documentos y otros elementos de prueba obtenidos en dicho procedimiento, conservarán su validez y eficacia a efectos probatorios en relación con el mismo u otro responsable.

4. A efectos de lo dispuesto en el artículo 174.5 de la Ley 58/2003, de 17 de diciembre, General Tributaria, la resolución de un recurso o reclamación interpuesto contra un acuerdo de declaración de responsabilidad, en lo que dicha resolución se refiera a las liquidaciones a las que alcance el presupuesto de hecho, no afectará a aquellos obligados tributarios para los que las liquidaciones hubieran adquirido firmeza.

5. En aquellos casos en los que como consecuencia del desarrollo del procedimiento recaudatorio seguido frente al deudor principal o, en su caso, frente al responsable solidario, se haya determinado su insolvencia parcial en los términos del artículo 76.1 de la Ley 58/2003, de 17 de diciembre, General Tributaria, se podrá proceder a la declaración de fallido de aquellos, a los efectos previstos en su artículo 41.

6. Si el deudor principal o los responsables solidarios fueran declarados insolventes por la parte no derivada a los responsables subsidiarios, podrá procederse, en su caso y tras la correspondiente declaración de fallido por insolvencia total, a la derivación a dichos responsables subsidiarios del resto de deuda pendiente de cobro.

Artículo 125. Certificación por adquisición de explotaciones o actividades económicas.

1. Las certificaciones a las que se refiere el artículo 175.2 de la Ley 58/2003, de 17 de diciembre, General Tributaria, deberán contener el nombre y apellidos o razón social o denominación completa del obligado tributario titular de la explotación o actividad económica y una relación detallada de las deudas, sanciones y responsabilidades tributarias derivadas de su ejercicio, con indicación de la cuantía de cada una de ellas. En esta certificación no podrán incluirse referencias a obligaciones tributarias o sanciones que no estén liquidadas en el momento de la expedición de la certificación.

2. No producirán efecto las certificaciones, cualquiera que sea su contenido, si la fecha de presentación de la solicitud para su expedición resultase posterior a la de adquisición de la explotación o actividad económica de que se trate.

3. La exención o limitación de la responsabilidad derivada de

estas certificaciones surtirá efectos únicamente respecto de las deudas para cuya liquidación sea competente la Administración de la que se solicita la certificación.

4. Cuando no se haya solicitado la certificación, la responsabilidad alcanzará a las deudas y responsabilidades liquidadas o pendientes de liquidación y a las sanciones impuestas o que puedan imponerse.

Artículo 126. Certificado expedido a instancia de los contratistas o subcontratistas de obras y servicios.

1. A los efectos de lo previsto en el artículo 43.1.f) de la Ley 58/2003, de 17 de diciembre, General Tributaria, se considerarán incluidas en la actividad económica principal de las personas o entidades que contraten o subcontraten la ejecución de obras o la prestación de servicios todas las obras o servicios que, por su naturaleza, de no haber sido contratadas o subcontratadas, deberían haber sido realizadas por la propia persona o entidad que contrata o subcontrata por resultar indispensables para su finalidad productiva.

2. Para la emisión del certificado regulado en este artículo se entenderá que el solicitante se encuentra al corriente de sus obligaciones tributarias cuando se verifique la concurrencia de las circunstancias que, a tales efectos, se prevén en el artículo 74.1 del Reglamento general de las actuaciones y los procedimientos de gestión e inspección tributaria y de desarrollo de las normas comunes de los procedimientos de aplicación de los tributos, aprobado por el Real Decreto 1065/2007, de 27 de julio.

3. En la solicitud del certificado específico deberá hacerse constar la identificación completa del pagador para el que deba surtir efectos. En caso de que sean varios los pagadores, se harán constar los datos identificativos de todos ellos, sin perjuicio de que se emita un certificado individual por cada uno.

La Administración tributaria establecerá mecanismos mediante los cuales se posibilite el acceso, con las debidas garantías de confidencialidad y seguridad, por parte del solicitante y del pagador a la información sobre el estado de tramitación de la solicitud, a los efectos previstos en el apartado siguiente.

4. El certificado o su denegación deberá quedar a disposición del interesado en el plazo de tres días. Dicho plazo será de un mes cuando se solicite con ocasión de la presentación telemática de la declaración del Impuesto sobre la Renta de las Personas Físicas o del Impuesto sobre Sociedades. Cuando dichas declaraciones se presenten por otros medios, el plazo será de seis meses.

Dichos plazos se contarán desde la fecha de recepción de la

solicitud por parte del órgano competente para su emisión, que será el que se determine en la norma de organización específica.

El solicitante podrá entender emitido el certificado a partir del día siguiente al de finalización del plazo para que dicha emisión se produzca, pudiendo obtener de la Administración tributaria comunicación acreditativa de tal circunstancia, que habrá de emitirse de forma inmediata.

La falta de emisión del certificado acreditada por dicho documento tendrá eficacia frente al pagador y determinará la exoneración de responsabilidad para el que, con tal condición, figure en la solicitud de certificado presentada por el contratista o subcontratista.

Dicha exoneración de responsabilidad se extenderá a los pagos que se realicen durante el periodo de 12 meses contado desde la fecha en que el certificado se entienda emitido.

Tendrá la consideración de pago la aceptación de efectos cambiarios durante el periodo a que hace referencia el párrafo anterior, aun cuando el vencimiento de aquellos se produzca con posterioridad a la finalización de dicho plazo.

CAPÍTULO II

Sucesores

Artículo 127. Procedimiento de recaudación frente a los sucesores.

◀ *LGT 177* ▶

1. Fallecido cualquier obligado al pago de una deuda, el procedimiento de recaudación continuará con sus herederos y, en su caso, legatarios, sin más requisitos que la constancia del fallecimiento de aquel y la notificación al sucesor del requerimiento para el pago de la deuda y costas pendientes del causante, con subrogación a estos efectos en la misma posición en que se encontraba el causante en el momento del fallecimiento y sin perjuicio de lo dispuesto en el artículo 182.3, primer párrafo, de la Ley 58/2003, de 17 de diciembre, General Tributaria. En la notificación al sucesor se le requerirá el pago de la deuda en los siguientes plazos:

a) Si el fallecimiento del obligado al pago se produce dentro del periodo voluntario, se requerirá al sucesor para que realice el pago dentro del plazo del artículo 62.2 de la Ley 58/2003, de 17 de diciembre, General Tributaria.

b) Si el fallecimiento del obligado al pago se produce antes de la notificación de la providencia de apremio, se notificará al sucesor dicha providencia. Si realiza el pago antes de la notificación de la providencia de apremio, se le exigirá el recargo ejecutivo.

c) Si el fallecimiento se produce una vez notificada la providencia de apremio al obligado al pago y antes de la finalización del plazo del artículo 62.5 de la Ley 58/2003, de 17 de diciembre, General Tributaria, se requerirá al sucesor para que realice el pago de la deuda y el recargo de apremio reducido del 10 por ciento en el plazo del artículo 62.5 de la Ley 58/2003, de 17 de diciembre, General Tributaria, con la advertencia de que, en caso de no efectuar el ingreso del importe total de la deuda pendiente, incluido el recargo de apremio reducido del 10 por ciento, en dicho plazo, se procederá al embargo de sus bienes o a la ejecución de las garantías existentes para el cobro de la deuda con inclusión del recargo de apremio del 20 por ciento.

d) Si el fallecimiento se produce después de la finalización del plazo del artículo 62.5 de la Ley 58/2003, de 17 de diciembre, General Tributaria, se requerirá al sucesor para que realice el pago de la deuda y el recargo de apremio ordinario en los plazos establecidos en dicho artículo.

Cuando el heredero alegue haber hecho uso del derecho a deliberar, se esperará a que transcurra el plazo concedido para ello, durante el cual podrá solicitar de la Administración una certificación de las deudas del causante con efectos meramente informativos.

La Administración, una vez acreditada de forma fehaciente la condición de heredero del solicitante, expedirá un certificado que deberá contener el nombre y apellidos o razón social o denominación completa, número de identificación fiscal, último domicilio del causante y del heredero y detalle de las deudas y demás responsabilidades del causante pendientes a la fecha de expedición del certificado.

2. Mientras se halle la herencia yacente, el procedimiento de recaudación de las deudas pendientes podrá dirigirse o continuar contra los bienes y derechos de la herencia. Las actuaciones se entenderán con quien ostente la administración o representación de esta, en los términos señalados en el artículo 45.3 de la Ley 58/2003, de 17 de diciembre, General Tributaria.

La suspensión del procedimiento de recaudación, en los términos señalados en el artículo 177.1 de la Ley 58/2003, de 17 de diciembre, General Tributaria, cuando el heredero alegue haber hecho uso del derecho a deliberar con arreglo a la legislación civil, no afectará a las posibles actuaciones recaudatorias que se lleven a cabo frente a la herencia yacente.

3. Desde que conste que no existen herederos conocidos o cuando los conocidos hayan renunciado a la herencia o no la hayan aceptado expresa o tácitamente, se pondrán los hechos en conocimiento del órgano competente, el cual dará traslado al órgano con funciones de asesoramiento jurídico a efectos de que se solicite la declaración de heredero que proceda, sin perjuicio de la continuación del procedimiento de recaudación contra los bienes y derechos de la herencia.

4. Disuelta una sociedad, entidad o fundación, el procedimiento de recaudación continuará con sus socios, partícipes, cotitulares o destinatarios, que se subrogarán a estos efectos en la misma posición en que se encontraba la sociedad, entidad o fundación en el momento de la extinción de la personalidad jurídica. En la notificación al sucesor se le requerirá el pago de la deuda en los siguientes plazos:

a) Si la extinción de la personalidad jurídica se produce dentro del periodo voluntario, se notificará al sucesor para que realice el pago dentro del plazo del artículo 62.2 de la Ley 58/2003, de 17 de diciembre, General Tributaria.

b) Si la extinción de la personalidad jurídica se produce antes de la notificación de la providencia de apremio, se notificará al sucesor dicha providencia. Si realiza el pago antes de la notificación de la providencia de apremio, se le exigirá el recargo ejecutivo.

c) Si la extinción de la personalidad jurídica se produce una vez notificada la providencia de apremio al obligado al pago y antes de la finalización del plazo del artículo 62.5 de la Ley 58/2003, de 17 de diciembre, General Tributaria, se requerirá al sucesor para que realice el pago de la deuda y el recargo de apremio reducido del 10 por ciento en el plazo del artículo 62.5 de la Ley 58/2003, de 17 de diciembre, General Tributaria, con la advertencia de que, en caso de no efectuar el ingreso del importe total de la deuda pendiente, incluido el recargo de apremio reducido del 10 por ciento, en dicho plazo, se procederá al embargo de sus bienes o a la ejecución de las garantías existentes para el cobro de la deuda con inclusión del recargo de apremio del 20 por ciento.

d) Si la extinción de la personalidad jurídica se produce después de la finalización del plazo del artículo 62.5 de la Ley 58/2003, de 17 de diciembre, General Tributaria, se requerirá al sucesor para que realice el pago de la deuda y el recargo de apremio ordinario en los plazos establecidos en dicho artículo.

5. En los supuestos de entidades sin personalidad jurídica se estará al momento de disolución para la aplicación de las reglas anteriores.

6. No se aplicará el límite contenido en el artículo 40.5 de la Ley

58/2003, de 17 de diciembre, General Tributaria, a los supuestos de disolución sin liquidación.

TÍTULO V

Disposiciones especiales

Artículo 128. Exacción de la responsabilidad civil por delito contra la Hacienda pública.

1. Si un deudor a la Hacienda pública fuese responsable civil por delito contra la Hacienda pública, la deuda derivada de la responsabilidad civil se acumulará al procedimiento administrativo de apremio que, en su caso, se siga contra el deudor, a los efectos de la práctica de diligencias de embargo, trabas y enajenación de bienes. El importe derivado de la responsabilidad civil no podrá incrementarse en los recargos del periodo ejecutivo.

La Hacienda pública exigirá, junto con la responsabilidad civil a la que se refiere el apartado 1 de la disposición adicional décima de la Ley 58/2003, de 17 de diciembre, General Tributaria, los intereses que se devenguen sobre el importe de dicha responsabilidad desde la fecha de la firmeza de la resolución judicial hasta la fecha de ingreso en el Tesoro y las costas del procedimiento de apremio, salvo que el juez o tribunal hubiese acordado otra cosa.

2. Contra los actos del procedimiento administrativo de apremio dictados por los órganos de recaudación de la Agencia Estatal de Administración Tributaria para la exacción de la responsabilidad civil por delito contra la Hacienda pública podrá interponerse recurso de reposición o reclamación económico-administrativa, salvo que los motivos de impugnación aducidos se refieran a la adecuación o conformidad de los actos de ejecución impugnados con la sentencia que hubiese fijado la responsabilidad civil por delito contra la Hacienda pública objeto de exacción por el procedimiento de apremio; en este caso, la cuestión deberá plantearse ante el juez o tribunal competente para la ejecución.

3. En caso de incumplimiento del fraccionamiento de pago de la responsabilidad civil acordada por el juez o tribunal conforme al artículo 125 del Código Penal, se exigirá la totalidad del importe pendiente por el procedimiento de apremio. En este caso, no procederá aplicar recargos del periodo ejecutivo pero se exigirán los intereses que correspondan.

4. Para dar cumplimiento a lo establecido en el apartado 4 de la disposición adicional décima de la Ley 58/2003, de 17 de diciembre, General Tributaria, los órganos competentes para la exacción de la

responsabilidad civil por delito contra la Hacienda pública informarán al juez o tribunal de cualquier incidente que se pueda producir en la ejecución encomendada, y en todo caso, de las siguientes actuaciones y acuerdos:

a) Los ingresos que se efectuen en el procedimiento de apremio.

b) Que se ha producido el ingreso íntegro de la deuda derivada de la responsabilidad civil.

c) La declaración administrativa de fallido de los responsables civiles y la declaración administrativa de incobrable del crédito.

Disposición adicional primera. Órganos equivalentes de las comunidades autónomas, ciudades con Estatuto de Autonomía de Ceuta y Melilla o de las entidades locales.

1. Los órganos competentes de las comunidades autónomas, de las ciudades con Estatuto de Autonomía de Ceuta y Melilla o de las entidades locales se determinarán conforme a lo establecido en su normativa específica.

2. Las referencias realizadas a órganos del Estado se entenderán aplicables, cuando sean competentes por razón de la materia, a los órganos equivalentes de las comunidades autónomas, ciudades con Estatuto de Autonomía de Ceuta y Melilla o de las entidades locales.

Disposición adicional segunda. Criterios de coordinación de la Agencia Estatal de Administración Tributaria con la Tesorería General de la Seguridad Social en procesos concursales.

1. A efectos de lo dispuesto en el último párrafo del artículo 10 de la Ley 47/2003, de 26 de noviembre, General Presupuestaria, y con los límites del artículo 95 de la Ley 58/2003, de 17 de diciembre, General Tributaria, en los procesos concursales en que concurran créditos de la Hacienda pública estatal cuya gestión recaudatoria corresponda a la Agencia Estatal de Administración Tributaria con créditos de la Seguridad Social, cuya gestión recaudatoria corresponda a esta, la Agencia Estatal de Administración Tributaria y la Tesorería General de la Seguridad Social intercambiarán la información, circunstancias y datos relativos a dichos procesos que consideren relevantes.

Sin perjuicio de lo que pueda establecerse en el oportuno convenio de colaboración, dicho intercambio abarcará al menos la identificación y domicilio del deudor, la existencia e importe del crédito cuya gestión corresponda a una u otra de ambas entidades públicas; en su caso, la existencia y el grado de satisfacción de los créditos contra la masa, así como cualquier otra circunstancia que se considere relevante.

2. Las relaciones entre los órganos de la Agencia Estatal de

Administración Tributaria y de la Tesorería General de la Seguridad Social implicados en el proceso estarán presididas por los principios de colaboración y cooperación. A tal efecto, se promoverá la adopción de criterios comunes relativos, entre otros aspectos, a la suscripción de acuerdos o convenios.

3. La Agencia Estatal de Administración Tributaria y a la Tesorería General de la Seguridad Social podrán acordar la necesidad de comunicar previamente a la otra parte la realización de determinadas actuaciones. En particular, y entre otras, se comunicarán recíprocamente su propósito de promover el inicio de un proceso concursal o de solicitar la apertura de la fase de liquidación.

Disposición adicional tercera. Asistencia mutua en materia de recaudación.

(Suprimida)

Disposición adicional cuarta. Norma de organización específica.

La norma de organización específica a que se refiere este reglamento deberá ser aprobada en el ámbito de la Agencia Estatal de Administración Tributaria antes de su entrada en vigor y deberá efectuarse su publicación en el «Boletín Oficial del Estado».

Disposición transitoria primera. Derechos de traspaso.

Lo dispuesto en este reglamento en relación con el embargo de los derechos de cesión del contrato de arrendamiento de local de negocio será aplicable al embargo de los derechos de traspaso en tanto estos subsistan.

Disposición transitoria segunda. Obtención de información, facultades y adopción de medidas cautelares en la gestión recaudatoria.

Lo dispuesto en el artículo 10 de este reglamento se regirá por el Reglamento General de la Inspección de los Tributos, aprobado por el Real Decreto 939/1986, de 25 de abril, en tanto no se dicten las normas reglamentarias de desarrollo de los artículos 93, 94, 142 y 146 de la Ley 58/2003, de 17 de diciembre, General Tributaria.

Disposición transitoria tercera. Régimen transitorio del Reglamento General de Recaudación.

1. Este reglamento será de aplicación a los procedimientos

iniciados a partir del 1 de julio de 2004 que no hayan finalizado a su entrada en vigor en cuanto a las actuaciones que se realicen con posterioridad a dicha entrada en vigor, salvo lo dispuesto en el párrafo siguiente.

Las actuaciones de enajenación de bienes continuarán rigiéndose por la normativa vigente antes de la entrada en vigor de este reglamento cuando el acuerdo de enajenación mediante subasta, la autorización para la enajenación por concurso o el inicio del trámite de adjudicación directa se hayan producido antes de la entrada en vigor de este reglamento.

2. Las consecuencias del incumplimiento de los acuerdos de concesión de aplazamientos o fraccionamientos dictados antes de la entrada en vigor de este reglamento serán las previstas en el Reglamento General de Recaudación, aprobado por el Real Decreto 1684/1990, de 20 de diciembre.

3. Las notificaciones de los acuerdos de denegación de aplazamientos, fraccionamientos o compensaciones dictados antes de la entrada en vigor de este reglamento, relativos a aplazamientos, fraccionamientos o compensaciones solicitados en periodo voluntario de ingreso, incluirán los plazos de pago y el cálculo de la liquidación de los intereses de demora de acuerdo con lo previsto en los artículos 108 y 56.3.a) del Reglamento General de Recaudación, aprobado por el Real Decreto 1684/1990, de 20 de diciembre, respectivamente.

Disposición final única. Habilitación normativa.

Se autoriza al Ministro de Economía y Hacienda para dictar las disposiciones necesarias para el desarrollo y ejecución de este reglamento.

Contacto con el autor

Puedes contactar con el autor en la dirección de correo electrónico "diegoleitrado@gmail.com". Para comunicar erratas o cualquier cosa.

www.ingramcontent.com/pod-product-compliance
Lightning Source LLC
Chambersburg PA
CBHW070323190526
45169CB00005B/1719